FIREBREATHER
FITNESS

Work Your Body, Mind,
and Spirit into the
Best Shape of Your Life

CrossFit

交叉训练精英
健身指南

［美］格雷格·阿蒙森（Greg Amundson）著

杨阳 译

人民邮电出版社

北京

图书在版编目（CIP）数据

CrossFit交叉训练精英健身指南 / （美）格雷格·阿蒙森（Greg Amundson）著；杨阳译. -- 北京 ：人民邮电出版社，2021.1（2024.5重印）
（悦动空间·健身训练）
ISBN 978-7-115-55081-1

Ⅰ. ①C… Ⅱ. ①格… ②杨… Ⅲ. ①健身运动—指南
Ⅳ. ①G833-62

中国版本图书馆CIP数据核字(2020)第219483号

版 权 声 明

内 容 提 要

  本书是一本全面介绍 CrossFit 交叉训练的精英健身指南。全书分为三大部分：第一部分介绍了精英健身者进行交叉训练的基础知识；第二部分从身体、心理、精神三个层面讲解了运用 CrossFit 交叉训练进行全方位提升的健身方式，不仅包括各种身体训练动作，还涵盖了心理及精神锻炼的方法与技巧；第三部分则给出了分别适合初、中、高级健身者的三套 21 天交叉训练计划以及各年龄段的进阶训练标准等。

  本书适合广大的健身爱好者阅读，尤其适合对 CrossFit 交叉训练感兴趣的人士学习使用。

- ◆ 著　　　　[美]格雷格·阿蒙森（Greg Amundson）
- 译　　　　杨　阳
- 责任编辑　王朝辉
- 责任印制　陈　犇
- ◆ 人民邮电出版社出版发行　　北京市丰台区成寿寺路 11 号
- 邮编　100164　电子邮件　315@ptpress.com.cn
- 网址　https://www.ptpress.com.cn
- 北京天宇星印刷厂印刷
- ◆ 开本：690×970　1/16
- 印张：14.5　　　　　　　　2021 年 1 月第 1 版
- 字数：219 千字　　　　　　2024 年 5 月北京第 9 次印刷
- 著作权合同登记号　图字：01-2019-7147 号

定价：79.00 元

读者服务热线：**(010)81055410**　印装质量热线：**(010)81055316**
反盗版热线：**(010)81055315**
广告经营许可证：京东市监广登字 20170147 号

谨以此书纪念给我留下美好记忆的母亲和父亲，是他们从我童年起就激励我，磨炼我的心理、身体和精神，让我能够更好地服务他人。

序

　　2007 年，我在做 CrossFit 交叉训练一级认证时第一次见到了格雷格·阿蒙森，同时也见到了交叉训练的创始人格雷格·格拉斯曼。毫不夸张地说，第一次见面我就对阿蒙森印象深刻。阿蒙森的运动表现，他的榜样作用，他热衷于教学的状态，这些都激励了第一代交叉训练者（包括我自己），而这些第一代交叉训练者又在全球范围内掀起了大众参与交叉训练的第一次浪潮。

　　很多人并不了解的是，阿蒙森使用这种高强度的方法进行训练和教学的原因竟然是——为他人服务的信念。在美国加利福尼亚州圣克鲁斯县，阿蒙森在跟随格拉斯曼教练训练和在自己的"阿蒙森交叉训练馆"训练的那几年，同时也是全职执法人员，并在那之后先后成为特种部队队员、美国缉毒局特工和陆军上尉。

　　阿蒙森既是一名运动员，也是一名战士，曾经是，现在也是。所以当我发现阿蒙森对我的海豹突击队训练（SEALFIT）战士发展训练课程感兴趣时，我并不感到意外。我一直相信，想要开发你真正的潜能，就必须进行身体、心理、情绪、直觉和精神的综合性训练。这个训练过程有助于培养你对生命真正的热情，它让世界变得简单，帮助你将注意力像激光一样集中在你人生的主要目的和任务上。当你发掘了这种潜能，你就触发了自律、意志力、体力和耐力方面的个人潜能，否则这些潜能可能会被永久埋没。

　　我非常欣赏阿蒙森带领他的学员在海豹突击队训练的第 12 期"心训练营"中成功完成了长达 53 小时的训练。"心训练营"对身体确实是一个巨大的挑战，因为这种挑战超越了身体层面，而考验着人的性格和精神。你在这里会学到的终极课程之一是——适应能力和领导力不是由你自己决定，而是取决于整个团队。在"心训练营"中，当你不再只是思考自我而开始注重服务于你的队友时，你就突破了自己。

在我观察阿蒙森带领学员训练的过程时，我立刻注意到他已经明白了这个道理。在他领导整个训练过程时，他服务和谦卑的态度从未改变，他全力以赴地帮助那些处于困境的人。

我很高兴看到阿蒙森向全世界展示他的服务哲学和全方位的训练理念，你手中拿着的这本书就揭示了达到最佳表现的有效方法。虽然艰苦的训练可以帮助你燃烧体内的脂肪并增强肌肉，但除非你也同样关注心理和精神的深度，否则你根本无法发挥与生俱来的全部天赋和能力。

阿蒙森一直坚持不懈地训练，从未停止过，这是基于他为他人服务的信仰，他将这种信仰变成了一系列的习惯和训练来充实他的灵魂，这使他每天醒来后，都能兴奋地全力以赴。阿蒙森通过他的交叉训练来融合心理、身体和精神的做法是非常鼓舞人心的，希望这可以激励你像他一样做出改变。

我鼓励你仔细阅读阿蒙森的书，并实施他的策略。世界需要你做最好的自己，而阿蒙森时刻准备着助你一臂之力。现在就开始吧！

马克·迪万
美国海军海豹突击队指挥官（已退休）
海豹突击队训练创始人
畅销书《海豹突击队成功之道》《无敌意志》的作者

前　言

17 年前，我开始从事执法工作。这些年的经历证明，这是一次伟大的发现之旅，在这个过程中，我曾面临过不同的挑战。在我人生的不同阶段，我分别担任以下职务：副治安官、特种部队作战队员、狙击手、美国陆军上尉、美国缉毒局特工，以及美国边境执法安全特遣部队与美国缉毒局之间的联络员。

在此期间，我一直在坚持不懈地加强和优化训练，并不断尝试新的训练，我作为第一反应人员和军队指挥官的工作成了我训练的试验场。每一天，当我穿上制服，准备好开始值勤时，这一天对我来说都像一张白纸，我完全不知道在何时、何地、有什么样的突发情况和问题等待着我。不过，我的确也很期待面对这些突发情况，这能考验我在瞬间做出正确判断的能力。为了有效地应对这样的压力和挑战，我需要充分利用自己最重要的资产：我的心理、我的身体和我的精神。

我的身体几乎已经达到了最好的状态。CrossFit 交叉训练如今是一项全球性的身体训练运动，作为早期的参与者，我通过使用俯卧撑、引体向上、深蹲和壶铃甩摆之类的传统动作，并不断地将这些动作加入高强度的循环训练中，已经取得了显著的成效。我感觉自己的身体素质达到了巅峰状态。

但这还远远不够。我知道，如果我想在职业生涯中成长并持续进步，不仅要锻炼我的身体，还需要做更多的其他事情。我强烈地感觉到，为了充分发挥我的潜能，我需要进行综合训练，即不仅要锻炼我的身体，而且要锻炼我的心理和精神。在那之后，我与世界一流的教练和导师合作，探索了各种不同的技巧和训练方法，并在我自己身上试验，从而创造了一套锻炼心理、身体和精神的工具，并融合出了一个完整的综合训练计划。

由此，《CrossFit 交叉训练精英健身指南》一书诞生了。

这种全面综合的方法让我能在长达 16 年的时间中持续不断地在运动表现上获得进步。事实上，今天的我比以往更加努力地训练着，我的身体、心理和精神能力在不断提高。对于交叉训练，我没有燃尽热情或产生厌倦，我像从前一样，一直保持着兴奋状态。我对努力训练的热情比以往任何时候都要强烈，我迫不及待地等着第二天醒来后再做一遍训练。我想与其他感兴趣的人分享这种热情，他们可能也对这种全力以赴地实现所能做到的一切的理念感兴趣。这就是本书的由来。

在这本书中，我将深入探讨训练计划中的身体、心理和精神部分。但我认为，与你分享我逐渐开始交叉训练精英健身的过程会是一个很好的开端。

1999 年的夏天，我的第一次执法工作经历开始于美国加利福尼亚州莫德斯托市的雷西蒙刑事司法培训中心，当时我是斯科茨谷警察局的一名新入职的预备役警官。两年后，我被圣克鲁斯县治安官办公室聘为副治安官，并进入了另一所警察学院，这次是在加利福尼亚州圣何塞市的南湾地区执法培训学院。当时，这两个学院都在进行传统的体能训练，包括编队长跑和每周 3 次的健身训练。

这里的跑步训练是有氧运动，没有冲刺，而且由于我们排成排跑步，所以是按照小组中最慢的成员而不是最快的成员的速度跑步前进的。这样的健身训练是你可能会在报亭杂志的封面上看到的那种训练，这种训练向读者宣传的是训练大块的肱二头肌和坚硬的腹肌。我们所做的健身训练可能是使用举重器械做 3 组 8 种不同的动作，例如滑轮下拉和腿部伸展，每组重复 8 ～ 12 次，每组之间有充足的休息时间。健身训练是在我们没有跑步的日子进行的，我们的训练从来没有让我们到达筋疲力尽的状态。这些常规训练旨在最大限度地增加肌肉，而不是增强力量或持久力。

我们也练习了防御战术和开枪射击，但不和健身训练同一天练习。我现在很疑惑，为什么不在训练后感到疲倦的那天练习这些技能呢？这样练习不是才符合真实情况吗？难道不应该练习你因为搏斗或跑步追赶，或者当时既经历搏斗又跑步追赶，而使心率超过 200 次 / 分钟这种模拟情境下开枪的准确性和防御策略吗？

我当时并没有意识到这种严重的错误。我相信了警察学院的培训人员告诉我的内容，并认为夹胸器和肱二头肌弯举能帮助我为所从事的工作做好准备。

从学院毕业后，我与一名实地训练官搭档。他的工作是帮助我将新学习的警察技能从学院里的可控环境过渡到现实世界难以预测的环境中。

在我刚开始实地训练的第一周，我的训练就受到了考验。我正在逮捕一名假释犯，而他决定要反抗。战斗开始了，我们很快就都被摔倒在地——那既是一场摔跤比赛，也是一场意志之战。

很明显，我并没有为全面的街头战役做好准备。我感觉自己好像在用一根吸管呼吸，我气喘吁吁，心脏狂跳不止。我想要有力地出拳或投掷，但是我以为一直在接受训练的应该有很好表现的肌肉这时竟不起作用。

我被现实敲醒：我还没有为这份工作所面临的残酷现实做好准备，我的训练并不管用。在突然和陌生的假释犯进行搏斗时，我几乎快要挺不下去。

作为一名刚刚从警察学院毕业的年轻的副治安官，这时我的身体处于最好的状态。即便如此，在第一次对抗中我也只能勉强挺住，那么当我年老的时候，我将如何做好自己的工作呢？作为专业的执法警官，我将如何服务和保护人民以及我的同僚？我所选择的工作岗位实际上是让我的生命常常处于危险之中的，而缺乏足够的准备，我会给自己和他人带来什么样的危险？想到这些，我知道我必须让训练的重要性与工作的重要性相匹配。

我四处请教，终于从我在加利福尼亚州圣克鲁斯县的老朋友、当地的武术家萨姆·拉德茨基那里得到了一些建议。他告诉我有一位"疯狂的教练"，在巴西柔术馆一角的小健身房里指导人们进行疯狂的训练。光是他的描述，就引起了我的兴趣，我感到我必须进行更多的学习。

我在电话簿中查了一下，找到了一列全部为小写字母的"crossfit"。那是 2001 年 12 月的一个工作日，我拨通了电话，在电话的另一端听到了一声"喂？"

接电话的人是格雷格·格拉斯曼，后来我得知他是一名私人教练，因为他的非常规训练方法，他被每个他工作过的健身房都开除了。更为巧合的是，格拉斯曼最初从洛杉矶搬到圣克鲁斯的第一份工作，就是训练圣克鲁斯县治安官办公室的一队警官。显然，他的训练对这些警官来说太难了，因此他被终止了合同。后来他自立门户，开了自己的健身房。

"明天早上过来。6点到。"他给了我地址。

第二天早上，天气很冷，我开车沿着公园大道行驶，在经过一个个商业设施时，完全不敢相信能在这里找到健身房，于是我想："我一定弄错了。"但我还是进入了一排仓库旁边的一个小型停车场，按照地址，我找到了一个有卷帘门的看起来像是大型储物仓的地方。

我迟疑地敲了两下门，格拉斯曼笑着开了门，伸出手来说："你可以叫我教练。"

"这真是很奇怪。"我想。健身房里只有我、格拉斯曼教练和迈克·韦弗，迈克是柔道黑带高手，他说他在这里接受一些额外的训练。迈克是我一生中见过最厉害的人，他用剃须刀剃光了自己的头发，有着厚厚的菜花耳（或摔跤手的耳朵），他致力于努力成为赢得巴西柔术比赛的首位美国黑带选手。如果他成为这样的传奇人物，胜利之后，他必须被护送出巴西。迈克"最伟大"的"名言"之一是："如果你做交叉训练并参加柔术比赛，而且你的对手没作弊，那你就会像在作弊一样轻易获胜。"

这个地方看上去完全不像我们在学院训练时用的健身房，而像是你从一本历史书上的照片里看到的旧时的身体训练馆一样。在位于圣克鲁斯的这个不起眼的小地方，没有我常在健身房看到的健身器械和镜子，只有一些药球、杠铃、绳索和从天花板吊下来的体操吊环之类的物品。地板很干净，奥运会举重器材和杠铃整齐地排列在一起，墙上挂了一块巨大的白板，一切都干净整洁，并然有序。

随后格拉斯曼教练告诉我，我将与迈克比赛完成训练。和他比赛？这句话让我一头雾水。我们被引领着走上楼梯，到达一个矮阳台，那里放了两台划船机。

格拉斯曼教练告诉我们，先从1000米划船开始。我心想，这没什么大不了的。然后，我们走下台阶，格拉斯曼教练向我介绍壶铃，这是我第一次接触壶铃。壶铃是俄罗斯人在18世纪发明的，被用来称农作物的质量（俗称重量）。之后它们被引入当地的博览会上，用于强者的比赛。壶铃看上去像是一件古老的训练器材，好像是在一个保龄球形的铁块上锻造了一个手柄。格拉斯曼教练给了我一个重量仅约为15千克的壶铃，迈克所用的是约24千克的壶铃。

15千克？我心想：这是在跟我开玩笑吗？我想提出抗议并解释我曾在警察学院接受过训练，而且使用过许多高级器械，例如弯举机。

但是我阻止了自己，心想：我应该礼貌一点，亲切一点，别去评价。

但是才15千克？这确实有点像在开玩笑。

然后我们被带到了引体向上杆前，显然，引体向上也是我和迈克的比赛内容之一。

我了解了接下来要做的训练：我们会先进行1000米划船，然后下楼完成21次我刚刚学会的壶铃甩摆，最后做12次引体向上。

"你完成第1轮后，"格拉斯曼教练告诉我，"我们再考虑是否进行第2轮。"

我的自尊心又在作祟。考虑？我一定忘了告诉他，在我接受这里的培训之前，我曾代表加利福尼亚大学圣克鲁斯分校打过水球。

接着我们回到楼梯上，把自己系在划船机上。在比赛开始前，格拉斯曼教练看着我说："孩子，一会儿走下楼梯时小心点。"教练是在逗我吗？我为什么要小心楼梯？不等我深思，格拉斯曼教练以洪亮的声音宣布比赛开始："3、2、1，开始！"迈克和我拼命地拉动划船机。

这是我第一次使用划船机，所以我对它的节奏还不太熟悉，但我是一个好胜的人。因训练的"竞赛"性质而产生的肾上腺素很快占据了上风。

我想打败这个家伙！我想狠狠打败这个家伙！自负心理让我的这个想法更加强烈。我不仅想在1000米划船中击败他，还想让自己看起来一点也不疲倦，让自己看起来在这项运动中我击败他是轻而易举的事。

但结果却与我想的恰恰相反。迈克比我先完成1000米划船，然后从划船机上跳了下来，快速走下楼梯，直接去拿壶铃。我用尽了全部力气，终于也完成了划船。我没能像迈克那样从划船机上跳下来，而更像是爬着下来的。我感到自己又重新经历了一遍与那名假释犯搏斗时的疲惫无力的感觉，眼前的一切都很模糊。

我再次感觉自己像在用吸管呼吸。

当我走下楼梯时，我感觉我的腿软绵绵的，好像受伤了一样。

"把着扶手！把着扶手！"格拉斯曼教练喊道。

我分腿站立在壶铃前，疲惫地喘着粗气。我还要做21次壶铃甩摆。我曾经对15千克壶铃的嘲笑又回到了我的脑海中。我的胸部仍然因刚刚的划船运动而剧烈地起伏着，我的肺好像在燃烧。我每回只能勉强完成2～3次甩摆，然后就不得不放下壶铃休息一会儿。

完成21次壶铃甩摆后，我摇摇晃晃地来到了引体向上杆前。我想知道：我看起来像我感觉的那样苍白无力吗？我感觉我就快要吐了。我用做壶铃甩摆的方式艰难地熬过了引体向上，同样，每回只能做2～3次。而迈克早就快速地完成了引体向上，他做的是看起来不可思议的体操式引体向上，后来我才知道这叫借力引体向上。

我以让我感到后悔的状态，艰难地完成了最后12次引体向上。那天，在这座名叫圣克鲁斯的沿海县城，天气很冷，雾蒙蒙的，但我的身体好像在燃烧，好像随时会呕吐、晕倒。在健身房的角落里，我瘫坐在楼梯底部。格拉斯曼教练走过来，说："准备好进行第2轮了吗？"

这时我才彻底折服了。格拉斯曼教练精通于他的工作，从不浪费精力去推销自己的训练理念或解释其优越性。他让我用实践证明了他的观点。

对我来说，作为一名一心想更好地为自己的工作做准备的警察，这就是我一直想要的身体训练。

在追求这一目标的过程中，我以白带选手的心态参加了第一堂武术课，这使我认识到我的确完全是个新手。之后，我接受了格拉斯曼教练使用功能性动作进行的高强度训练模式并很快取得了一系列成果，这表明我做出了正确的选择。在很短的时间内，在公园大道上的这个小健身房里，我取得了大幅度的进步，我知道这种训练方式有一天可以拯救我的生命。交叉训练的价值显而易见。

目 录

第1章

精英健身者之路

CrossFit 交叉训练是我人生中的重大发现，并且我全身心地使用着这个新的训练方式进行着身体训练。我对此充满激情，甚至因为早期的锻炼视频疯狂地在网上传播开来而获得了些"恶名"。之后，就有人戏称我们是"喷火精英"。在早期的交叉训练中，有一次我刚刚完成了严酷的训练，包含火箭推和引体向上动作的训练。我躺在地上，浑身疼痛地扭动身体，喉咙火辣辣的，再看看其他一起训练的人，他们也感受着和我一样的不适。我用粗糙沙哑的声音说："我感觉自己在喷火！我们真像是喷火精英一样！"也正是这一次，"精英"两个字被保留了下来，并且成为对一位运动员表达赞美和喜爱之情时所用的词语。

我就是一名精英健身者！在我 25 岁时，我好像已经到达运动潜能的极限状态了。

但是我从未停止过提升自己 —— 我想要继续训练，收获更多。后来，随着训练的不断累积，我慢慢意识到，精英健身者不仅仅是体能的增强，想要继续提升自己，关键在于全方位地进行训练，将心理、身体和精神融合在一起。

这就是精英健身者的身体和心理状态。最初"精英"这个词主要指的是身体能力，但在我实现个人目标的道路上，无论是作为警察在街道上巡逻，还是作为美国缉毒局特工与贩毒集团展开战斗，这个词对我来说越来越不可撼动了。

我对这个词有两层定义：（1）一个人以不屈不挠的精神面对强大的身体对抗所带来的磨难并战胜它；（2）与"运动员之心"相关联的积极的能量。

从我个人的经历来看，遵循精英健身者的哲学是成为一名出色的第一反应人员的最佳途径。无论你想成为警察、特种部队队员、军人还是消防员，当冲突爆发时，你都能把控全局，在面对未知的事物时展现出卓越的能力。后面几章我将会分享和教授精英健身者的哲学。

但是请注意！这种哲学不仅仅针对第一反应人员，不论背景、年龄、工作和家庭如何，每个人都能够采用相似的训练和自律方法实现自信、自立和自强，而这恰恰又来自最佳的身体、心理和精神状态。因为身体、心理和精神合为一体，就是精英健身者之路。

不论你的背景、身份或人生追求是什么，交叉训练精英健身计划

精英健身者

1. 一个人以不屈不挠的精神面对强大的身体对抗所带来的磨难并战胜它。
2. 与"运动员之心"相关联的积极的能量。

都会让你以更好的运动能力、心理能力，以及沉稳的精神与情绪去生活。令人欣喜的是，你现在就可以踏上这条路，并且只需要几周时间，你就能意识到自己在效率、运动表现、生活质量、领导力方面发生了显著的变化，你还会逐渐变得沉稳、内心强大。

只要肯参与其中，任何人都能成为精英健身者。

我相信你已做好准备，而我能告诉你接下来该做什么，这本书就是通往精英健身者之路的大门。

也许你只是单纯地希望练就完美的身材，这个训练计划中的内容也一定会让你实现这个愿望。不仅如此，你还会获得更多，这个训练计划就是为收获更多而制订的。你想不想在面对问题和困境时无所畏惧，带着力量、决心和清晰的头脑，能够快速运用身体、心理和精神的适应能力应对问题？你想不想成为他人的榜样？你想不想做出更大的贡献？

成为精英健身者不是最终的目标，而是拥有一种心态——全力以赴，勇往直前。我相信，如果你能坚持执行这个训练计划，不仅仅在21天的训练计划里，在你坚持的第1年、接下来的2年，甚至是之后的5年内，你都可以长期地从中获益。

也许，你很难在精神和心理领域找到健康的榜样。毕竟，你可能是因为希望变得更好看、感觉更健康而被这本书吸引——减掉多余的脂肪、强健肌肉、建立或重建运动员的身体基础，并且看起来健康，释放或者重拾青春。交叉训练精英健身就能够实现这些，而这也是我坚定地在身体训练的同时加入心理和精神训练的原因。因为根据我个人的训练经验以及我曾教授或者指导过的数千名学员的经验，我百分之百相信，为了达到并保持身体的巅峰状态，必须使用综合的训练方法。

然而我们需要面对的现实是：想要在人生中达到最佳的身体状态，有很长的路要走。在这条路上，你会遇到很多挑战、过失和阻碍。但将心理和精神训练融入你的身体训练，会让你更加专注、更加自律，适应能力更强，与此同时，也会给你带来一股来自内心的力量，帮助你从每一次训练中获取最大的益处，而且年复一年、日复一日，这种益处能够持续不断。最终，这股力量能够帮助你坚持下去，并发掘你的潜能。

对于健身房文化来说，这种精神和心理训练与身体训练融合的方法可能很少见，但在武术馆里却并不罕见。几百年来，优秀的武术大师都使用多种动作和身法进行训练，并融合冥想和意志力训练。

交叉训练精英健身计划也会不遗余力地将这种方法应用到训练中。这种综合训练帮助你打下的基础将为你提供一个应对生活中挫折的工具箱，通过它你能够快速恢复情绪并走上正轨。

请相信我，因为我也曾经历过人生的大起大落。

几年前，我在同一时间经历了多次人生变故，这让我的心绪难以平复。陪伴了我 12 年的一只名叫贝贝的狗，突然死于癌症。接下来，我的母亲因脑癌去世，而在那之前因为她参加和平部队并去约旦服役，我有一年多没见到过她。我的父亲已于 2000 年去世，所以母亲的离世意味着我和三个弟弟失去了双亲。我的母亲突然生病并离世让我和三个弟弟陷入不安和经济困难，我们需要处理医药费、律师费和家庭房产问题并安排葬礼。就在我母亲去世期间，雪上加霜的事发生了，我从陆军和美国缉毒局退出并进入了私营企业，跨越加利福尼亚州搬到了另一个地方。就在我的世界即将坍塌之时，我的妻子向我提出了离婚请求。

讽刺的是，也正是在这段时间，我走遍美国各地，做着关于设定目标和积极自我对话价值的讲座。在我早期的职业生涯中，我担任过治安官、特种部队作战队员、狙击手和美国缉毒局特工。与此同时，我也是交叉训练的早期学员之一，我不仅努力提升自我，还在美国各

我很荣幸能在加利福尼亚州圣路易斯－奥比斯波营地举行的美国陆军军官候选学校 2006 级毕业典礼上致辞。

地教授过数千名可能成为教练的学员。面对各种各样的压力，甚至在生命受到威胁的情况下，我都展现出了优秀的应对能力。

但是我仍然深受打击。

很多人，不论男女，在经历如离婚一样的创伤之后，便会意志消沉、自甘堕落，从一些不良行为中寻找安慰，变得暴躁或者抑郁，就像这样能减轻他们的痛苦一样。即使我经过了专业的培训和长时间的交叉训练，发生在我身上的事情也极度地考验我是否能找到应对生活中常出现的困难的正确方法。我能感受到，一股向下的力量正拉着我走向消沉和自我毁灭。

在离婚后的几个月内，我第一次真切地感到人生中彻骨的孤独。即使在失去深爱的父母后，我也没有如此地悲伤、孤独，情绪几乎处于停滞的状态。我的生活好像被迷雾包围着，我总是在夜晚失眠。我的痛苦来自这样一个难以回答的问题：我到底哪儿出错了？在学校时、在运动和从商方面，我一直是成功的典范。我同时在美国陆军和联邦执法体系中担任高级职位，但是在最重要的事情上败下阵来。

我强烈地感受到，为了集中注意力从错误中吸取教训、消化我所犯的错误，我需要安静、与世隔绝，找到能够让我更接近自然的居住环境。于是，我买了一辆二手房车，在加利福尼亚州能俯视阿普托斯的树林里租了一块土地。鹿、兔子、蛞蝓和鸟成了我的新邻居，我开始了自我反思的内在旅程：从精神层面去认知、自我发现和治愈受伤的心灵。在"与世隔绝"的过程中，我开始一层一层剥离自我意识和身份，而这些曾在 14 年的日子里以潜意识的方式指导着我的工作。

我没有偏离自我训练的轨迹，没有使用愤怒、自我治疗分散法或感情抽离等不健康的方法，尽管这些方法都很诱人，但我还是选择以精英健身者的心态应对困难和挑战。这意味着我要扎根当下，用坚定的信仰直面困顿，披荆斩棘，走向更好的自我理解、自我掌控，并最终达到内心的平衡。

每天早上，我随日出而起，在红杉树下冥想数小时。我打开自我，聆听自己内心的智慧，它一直存在，但是在日常生活的喧闹和快节奏中变得迟钝。

有一天早上，在徒步穿过树林时我意识到，我已经超过 5 天没有开口说话了。寂静包围着我，我感到前所未有的宁静。在我走回房车的路上，一只幼鹿从巨大的红杉树后出现，并开始逐渐靠近我。我一动不动地站着，双臂向身体两侧伸展，打开手掌，让那只幼鹿看到，这是传统武术中没有威胁的姿势。那只鹿与我四目相对，这一刻仿佛变成了永恒。这就是我一直以来所寻找的迹象，我与自己达成了和平状态，并准备好了继续度过我的人生。

每当我回顾那一时刻，总是有两种想法。第一是感谢那些曾给予我指导的人，因为他们让我发现自己从来都不是一个人——我的生活和训练中有很多老师、教练、导师和榜样，他们帮助我理解了全面的健身方法是多么有价值，也教会我不仅要接受生活中我们都难以避免的困顿时刻，也要从中吸取教训。第二是我产生了一个强烈的意愿，希望能够将这些经验教训传授给那些想长期健康生活的人，并且这种健康的方式是持久的、有趣的且充满力量的。

这就是本书的意义所在。

第2章

精英健身者的三层训练

我想起我刚加入美国军队时，在入伍培训时军事训练教官对我和其他年轻的新兵所说的话。"在我的部队里，你会经历'三大离'，"他向我们吼道，"你会离婚，你的朋友会离世，你也会被调离。"

　　在美国警察学院的培训中我也听到了同样的话。家庭关系教官将一群男性新兵拉到一旁说："在美国的所有职业中，警察职业的离婚率最高。别怪我没提醒你们，提前找个好的离婚律师。"

　　任何人在不同的阶段都经历过困难和不愿意面对的状况，这不仅仅会发生在警察和军人身上。实际上，就在我执笔的此刻，美国人整体都在经历着一系列的流行病。抑郁症、吸毒和肥胖危机是经常刊登在美国新闻头条的三大问题。在过去的 15 年中，美国的自杀率不断攀升，其中高达 30% 的自杀的人，年龄为 35 ~ 64 岁。在年轻的美国人中，自杀是死亡的第二大原因。我们生活在充满压力的时代，很多人都在艰难地应对着这些压力。

　　我很早就开始接受应对各种压力的训练了。我在警队和军队工作时，会时刻保持战士的心态，这种心态最终演变为"精英健身者心态"。它的意义是：危险无时不在，我的生命和其他生命随时处于危险之中。每一天，我都必须在各个方面保持最佳状态，包括身体状态、心理状态和精神状态。

　　实际上，这种心态会如何影响我的身体训练呢？我把每一次锻炼都当作人生战斗前的最后一次锻炼，努力将其完成。我的方法是，我会穷尽最后一丝力气，因为我知道这最后的力气可能是决定我是胜利而归还是失败甚至付出生命的关键。我的训练旨在寻找最佳表现，这意味着我不仅要鞭策自己锻炼身体，而且要锻炼自己的心理和精神。

　　毕竟，警察最重要的武器是训练有素的、完全融为一体的心理、身体和精神，这种武器远强于健壮的肌肉或者高级的战斗装备。即使在紧张的状况下，清醒而沉着的思考也是十分必要的，感受并表现出真正的自信绝对是强有力的武器。

　　高水平的心理能力包括冷静面对压力的能力、心理和情绪的适应能力以及保持长时间专注的能力。人们在危机状况下所需要的冷静和自信是无可取代的财富，而且需要接受良好的训练才能拥有这种财富。

　　想要以最高水平完成任务，我需要进行身体、心理和精神上的训练。交叉训练精英健身计划能够长时间提高我们的适应能力和表现，无论你面对何种挑战，全面的适应能力都是你最好的武器。与此同时，无论你有什么样的目标，它也是你达成目标的重要火力。

交叉训练精英健身的不同之处

交叉训练精英健身计划包含三个级别（初级、中级和高级）以及可增减难度的动作版本。任何人，无论起点如何，只要想练，就能随时开始训练。精英健身者之路的大门向所有人打开。

通过进行高强度、低量的，其中包含各种各样的功能性动作的训练项目，我能够拥有健康的体魄长达16年之久，并且这种健康将继续延续下去。你也可以如此。此外，你还可以为任何一项体育运动建立基础。

但如果交叉训练精英健身仅仅是身体训练，那它与其他100种健身方法也没有多大差别。虽然进行一项健身训练，总归比什么也不做要好些，但在高科技时代，人们的生活方式紧张、忙碌而又充满压力，而身体训练本身可能并不会为此做足准备。

好在交叉训练精英健身计划绝不仅仅是身体训练计划，它还为我们指明了为生活做必要准备的方法，不仅能够满足日常所需，也能提高生活质量。它也为我们提供了亲近大自然的能量和力量，让我们的心理和精神得到锻炼，从而影响我们的世界观。

遗憾的是，传统的健身在层次、目的和应用方面都有所局限。大型的健身房是采用商业模式运行的，很少真正考虑个人的健康。在这种场所，他们最希望看到的是：你进行会员登记、缴费、签合同，然后就很少甚至再也不会来健身了。在会费低至每月20美元或者10美元的健身房，这种模式的典型例子比比皆是。

即使是去健身房的会员，大多数也是毫无目的地进行锻炼。近几年来，关于这种情况的讨论有很多，而此时兴起的交叉训练模式，与传统的健身房训练模式形成鲜明的对比。与传统的健身房训练不同的是，交叉训练是以社区为基础的综合性训练项目，它以高强度地完成经常变化的功能性动作为基础，采用最严格的定义并以目的为导向，着重建立全面的运动基础。

但即使再好的训练项目也会经常错失将身体训练与心理、精神训练结合在一起的机会。现在有一种将训练分割开来的趋势，它将身体训练、心理训练和精神训练分为不同的类别，好像它们是割裂开的。事实上，以上三者必须相互联系起来才能发挥你的潜能。

在交叉训练精英健身计划中，身体、心理和精神的训练被融入同一个训练计划中。

身体层面

人们去健身房有着五花八门的目标，最常见的就是减重。有些人希望拥有和杂志封面模特一样的好身材，因此才被吸引参加了身体训练课程。另外一些人希望通过健身来辅助体育运动，例如跑步、骑行、冲浪、滑冰或其他运动。还有一些人只是希望更有活力，或者渴望看起来更年轻一些。那正确的训练方法是什么呢？

交叉训练精英健身计划能够很轻松地回答这个常常令人困惑的问题。因为身体训练的秘诀是：实现所有这些目标的最佳方法是一致的，即依赖于功能性动作组合并注重运动表现的核心力量和综合训练。

我现在 30 多岁，仍然和 10 年前的自己一样强壮、苗条、健康。我常常会被问到是如何练成现在的身材的。我的答案都是一样的：我不会以某种具体的身材为目标；相反，我注重的是运动表现，而所拥有的身材是我锻炼和所获得表现的副产品。我只注重运动表现，而我的身材和体形是我努力的直接结果。只重点关注你的运动表现，并且不断坚持下去，你就会水到渠成地获得好身材了。

当你追求运动表现时，你的身体会发展成必然的状态。而自然、健康、灵活、协调且适应能力好的运动表现又是坚持交叉训练精英健身计划的副产品。

关注运动表现，指的是在训练中，你能够清楚地衡量你的所得。比如，在第 4 周，你可以做 5 个引体向上；在第 8 周，你能够做 8 个引体向上。在交叉训练精英健身计划中，我们用具体的、可测量的数据点来衡量进度，从你跑约 3000 米的速度到不同训练的最少用时，到完成一套瑜伽动作的关节活动度，再到你对人生目的的积极心态和明确定义。

为了事半功倍，我们主要练习功能性复合动作；吃真正健康的食物；然后一切顺其自然。不论你健身的目标是练出强壮的肌肉、增加活力，还是为了健康和养生，这些目标都可以通过简单的锻炼实现。你不需要花哨的健身器材或者办理昂贵的健身房会员卡来实现这些目标，只需要通过我设计的训练，便可以一生都享受到自我提升的幸福感。你会惊讶地发现只需一块空地，利用你的身体、地球引力和不同的功能性锻炼，就能收获不一样的效果。你也不需要每天花费 3 小时之久，你所期待的结果只需要每天花费 20 分钟就能达到。在这 20 分钟里，你需要用充满能量的身体和坚定的信念，根据目标进行一系列功能性动作组合训练。

如果你问我需要举重吗？我的回答是，我鼓励你务必在训练计划中增加负重辅助训练，并且我也特别赞同使用树干、公园长椅和跳绳等一切有可能转化成锻炼工具的物品，但需要坚持不懈地正确使用。如果你想把车库变成自己的健身房，这会帮助你增加训练的乐趣和多样性。即便你只能去当地的公园，或者一小块空地进行锻炼，遵循本书的指导，相信你也能创造奇迹。

心理层面

交叉训练创始人格雷格·格拉斯曼告诉了我这样深刻的见地："适应交叉训练的最佳状态出现在两耳之间。"

他的观点是，最佳的身体状态，包括最好的身材和最佳运动表现，与正确的心理工具息息相关。这个观点是我相信应该将心理训练加入身体训练的至关重要的原因。我要对教练的话进行补充：可持续的综合健身训练发生在两耳之间！

我们可以想想有多少人已开始健身训练，但从未真正用心参加训练，也没有看到任何效果；或者他们都会犯一个太常见的错误，即从一开始就用力过猛，过快地耗尽体力。

在我的健身房里，我经常看到的是，特别有动力的初学者第一天穿着崭新的健身服、昂贵的新鞋，带着极高的热情来到我这里训练，但是在训练几周后就消失了，我再也见不到他们了。

于是，当我遇到符合以上描述的运动员时，我的策略是始终放慢脚步，帮助他们制订在最初几个月可以集中注意力完成的递增的目标，并鼓励他们逐渐适应训练的过程，这将帮助他们适应不适感，而这种不适感将会带来进步。我知道，如果他们不按这样的方式做，他们就有可能燃烧掉所有的热情后放弃训练，就像火箭在起飞前燃烧掉大部分燃料一样。

可持续的综合健身训练发生在两耳之间！

如果你在坚持长期持续的训练计划时遇到了麻烦，那么我强烈建议你结合多种心理工具来进行身体训练。这些工具包括设定明智的目标、用正确的自我对话支撑这些目标，以及进行心理和精神训练，使之处于积极的自我期待状态。

21天交叉训练精英健身计划使这些心理工具与身体训练互补。通过将心理和精神训练融入身体训练计划，你将释放出某种力量和能量，无论是在短期内还是在长期内，这种力量和能量都将帮助你得到你所期望的结果。当你发现这种力量蔓延至生活中的各个角落时，请不要感到惊讶。

精神层面

在有关健身的讨论中谈及精神力量似乎有点过时，但是在运动能力和最佳身体状态方面，精神是核心。正如我将在后文中讨论的那样，精神将贯穿于整个交叉训练精英健身计划中。

精神为我们的训练和人生目的赋予能量。当你在训练中产生不适感和训练变得困难时，例如在马拉松比赛的最后1500米或漫长而艰难的锻炼进行了2/3时，精神就是你的能量来源。精神就是让你更加努力地向极限发起挑战和向成就迈进的动力。

某些运动，例如冲浪、滑雪、极限跑和远足，都蕴含着一种精神元素，这种元素可以让运动与自然产生深厚的联系。

终极目标是什么？发挥我们的全部潜能，这意味着激活并发展全部的自己——我们的精神自我与我们的身体自我。

交叉训练精英健身计划致力于在时长较短的日常训练中专注于训练身体、心理和精神。下面我们将从身体领域入手，概述训练中使用到的基本动作。

第3章

基础动作

交叉训练精英健身以功能性复合动作为基础，在最佳状态时，训练动作会使多个肌肉群被激活，同时发力。在你练习真正的运动员专业动作时，从来不会单单使用一处肌肉完成。相反的是，这些动作是肌肉群共同作用的结果，肌肉以互补的形式发力。换言之，复合动作是我们作为人类而进行的体力劳动，比如搬家时抬起家具或进行一项体育运动所做的动作——举起、跳跃、投掷、拉动、推动、跑步等。

本章主要介绍的是我认为最为重要的几个动作，其中一些动作还将为练习难度更大的动作奠定基础。比如，俯卧撑是难度更大的竞技类动作——手倒立俯卧撑的基础练习动作；壶铃甩摆所使用的动能链，有助于使身体牢牢记住运动模式的复杂顺序，这将帮助你从地面上挺举数百千克重的杠铃，以进行奥林匹克式举重。

仔细地阅读每个动作的说明，你就能够掌握动作的技巧。只要你按部就班地正确完成所有的动作，即使是最简单的动作，如俯卧撑或者引体向上，都会让你受益匪浅。当你开始执行 21 天交叉训练精英健身计划时，在你逐渐掌握这些动作的过程中，你可能还会反复阅读这一章。我向你保证，在你经过几周的训练，已感受到这些训练是如何尽全力提高你的心率和身体素质时，你就会相信我所说的话。

4 种动作类型

几年前，我意识到需要经常训练的基础动作可以简单分为 4 种类型：打开型、关闭型、推动型和拉动型。我发现，只要我坚持按照这些动作类型运动，我就能时刻做好行动的准备。本书中的基础动作可能属于一个或者多个动作类型。

打开型

"打开"主要指能够让踝关节、膝关节和髋关节得到充分伸展，也称三关节伸展。在交叉训练精英健身中，我们使用的大多数技能在三关节伸展的情况下使身体处于打开状态，或者通过三关节使肌肉进行静态收缩。例如，在深蹲中，你能达到三关节伸展状态并打开身体，而在俯卧撑中，你通过三关节保持静态的肌肉收缩，踝关节、膝关节和髋关节保持同样的伸展程度，上半身则通过俯卧撑在收紧状态和伸展状态之间切换。

关闭型

"关闭"指的是身体通过运动，动态地缩短胸部到髋部的轴线，例如仰卧起坐和脚趾触杠。在这两个动作中，身体在张力作用下在髋部处关闭或折叠。需要注意的是，深蹲从站立姿势下蹲至最低处，也是关闭的。但是，我提倡按照具体的关节活动度来强调动作的关闭特性。

推动型

"推动"指的是将物体推离身体中心。例如，俯卧撑通过手肘、肩部和胸部伸展将身体推离地面；上挺或推举推动杠铃远离身体中心，同时髋部和手臂伸展，通过加速将杠铃举过头顶。需要注意的是，一些推动型动作，比如推举，也会运用到髋部和膝盖，因此它们同时具有推动和打开两个特性。

拉动型

"拉动"指的是将物体拉近身体中心。例如，引体向上从伸展状态开始，将身体拉向单杠。

在交叉训练精英健身中，很多时候你需要做的多关节复合型训练将很多打开型、关闭型、推动型和拉动型动作结合在了一起。这就是这种训练的美妙之处，因为它能够快速带来很多收获。

为未知做好准备

我所提出的打开型、关闭型、推动型和拉动型动作的概念是出于一种强烈的需要，即为"未知"的每日训练做准备的必要性和强烈渴望而形成的。每天早上 6 点，格拉斯曼教练都会亲自规定运动员的训练内容。在我刚开始进行交叉训练时，那时还没有网站，每天早上我抵达健身房时，我都要为格拉斯曼教练可能在白板上写下的任何训练内容做好心理和身体准备。

一开始，为一项未知的任务做准备对我来说非常有压力，因为这项任务可能需要你在极具竞争性的环境下完成。但是就在某一天早上，我突然明白了：正是这些复合型、多关节型的运动特性，组成了格拉斯曼教练每日独一无二的训练内容。不论是什么样的课程、需要举重多少、什么样的重复方式或者运动顺序，我都可以让我的身体按照 4 个大致的关节活动度做准备：踝关节、膝关节和髋关节伸展（打开型动作），以髋部为轴关闭身体（关闭型动作），拉动身体向上的动作如跳绳、吊环、引体向上（拉动型动作），以及推动物体远离身体中心的动作（推动型动作）。

在热身运动时，我经常做以下动作，每个动作重复 10 次。

> **过头蹲**（一种高级打开型动作）
>
> **脚趾触杠**（我最喜欢的关闭型动作）
>
> **手倒立俯卧撑**（只训练上半身推动力量的强大技巧）
>
> **引体向上**（包含严格和借力两种方式的拉动型动作，可以选择不同的抓杠方式并和其他动作结合在一起）

把打开型、关闭型、推动型和拉动型这 4 个动作类型都运用到热身运动中，能够帮助我快速建立自信心，在身体和心理上都做好准备，从而积极面对格拉斯曼教练所安排的任何高难度训练。

自重类基础训练

要踏上健康之路，不存在任何借口。你不需要在健身房办理会员卡、购买昂贵的椭圆仪或跑步鞋，只需要找块空地，在地板或土地上练习，或者在操场上使用单杠练习引体向上。

任何对自重练习效果的质疑，优秀体操运动员的身材和运动成就都会让其不攻自破。毕竟，体操是所有体育运动的原始"语言"和发源地。

接下来几页的训练动作是开始运动的良好选择，一旦你掌握了基础技巧，就可以尝试增加难度，以获得更大的力量和更好的表现。

徒手深蹲

>> 徒手深蹲对运动员来说是基础性动作，对于想要强身健体的普通人来说同样如此。如果你只打算进行一种动作的训练，我强烈建议你选择徒手深蹲。这个动作是打开型动作的起点。

重心转移到
脚跟

1 双脚与肩部或髋部同宽，脚趾略向外摆，重心放在双脚的脚跟上。向前抬起双臂，呈准备姿势。下半身在踝关节、膝关节和髋关节处伸展开来。

2 眼睛平视前方，确保髋部到头顶呈一条直线，然后向后向下蹲——关键词是"蹲"。深蹲不是重力辅助运动，

而是能够有效激活全身的运动。在髋部下沉的过程中，举平双臂，使其远离臀部。双臂的伸展有利于保持挺胸姿势。

3 继续向后向下蹲。在臀部继续向后移的过程中，将注意力集中在挺胸上，同时举平双臂以保持挺胸姿势。

动作要点

在我刚开始进行交叉训练时，格拉斯曼教练对我说："格雷格，你已经掌握了深蹲动作，它是髋关节伸展的终极运动。"当我向教练询问髋关节伸展动作的重要性时，他说道："能够良好地控制髋关节的伸展与发力是人体达到最佳运动状态的一大要求。"教练的解释让我恍然大悟！

膝盖在脚趾
正上方

增加或降低难度 +/-

对于初学者来说，徒手深蹲的一大难点是背部、髋部和脚踝可能无法顺畅地活动。在这种情况下，首先应该关注动作的质量，应使身体下沉至深蹲状态，并尽可能长时间保持这一姿势。初期，你可以使用杆子作为支撑，但应尽可能逐渐做到自我支撑，并且更长时间地保持深蹲姿势。

4 髋部降到低于膝盖的位置，此时可停止下蹲。膝盖保持在双脚正上方，重心仍然在双脚的脚跟处。在动作过程中，腰椎始终保持正常曲线。

5 腿部肌肉发力，通过脚跟带动身体回到开始时的站立姿势。双肩和髋部以同一速度向上升，手臂恢复初始姿势。

箭步深蹲

>> 箭步深蹲是我最喜欢的下半身训练动作，它能够提升力量、平衡性、协调性、节奏感和控制力。箭步深蹲属于打开型动作。

挺直
背部

小腿垂直
于地面

1 以站立姿势开始，右脚向前迈出一步并将脚放在身体前方。

2 上半身保持挺直，下蹲且左膝轻轻点地，右大腿和右小腿垂直。

3 右脚向下蹬地面，顺势回到站立姿势。

增加或降低难度

    箭步深蹲这个动作有很多增加或降低难度的方法。首先是缩小关节活动度，做"1/4"箭步深蹲。接着，随着力量和活动度的增强，后腿的高度也会继续下降，最后关节完全活动开。

    对我们的心理考验比较大的一个挑战是400米箭步深蹲走，即运用上述的箭步深蹲方法，向前走400米。在步与步之间的站姿状态，或者向前迈步进入下一个重复动作时休息。

    进阶动作是负重进行箭步深蹲，手持哑铃或者壶铃，这二者能够极大地增强握力和腿部力量。

跳箱

跳箱可以有效地锻炼健身者快速打开髋部的能力，并提升肌肉力量、协调性和速度。跳箱属于打开型动作。对于女性，我建议首先使用约 40 厘米高的箱子，然后逐渐进阶成约 50 厘米高的箱子。对于男性，我建议开始时使用约 50 厘米高的箱子，然后逐渐进阶成约 60 厘米高的箱子。高阶目标是女性使用约 60 厘米高的箱子，男性使用约 76 厘米高的箱子。

手臂带动
身体跳跃

注意抓地
位置

手臂做准备

动作要点

跳箱是髋关节伸展训练，而不是腿部伸展训练。这个动作会极大地增强你迅速而有力地打开髋关节的能力。所以不要在箱子前面蹲得过低，而是要使身体轻微前屈，用手臂带动身体跳跃。双腿弯曲的幅度最多使身体下沉十几厘米。

增加或降低难度

想要加大难度，可以尝试增强式跳箱。首先站在箱子上，跳到地面上，利用小腿的伸展反射，重新跳回箱子上。开始学习这一动作时，使用的箱子最好比平时训练时使用的箱子矮一些，然后逐渐增加箱子的高度。

想要降低难度，可以选择踏上箱子而不是跳到箱子上。踏上箱子时，确保一条腿完全伸展用力，然后另一条腿再踏上箱子。这样的方法能让你每次使用单腿支撑身体上升。这是一种进行单腿训练的好方法，可以为单腿深蹲动作增强力量。

1 首先站在离箱子大约15厘米远的位置，双脚与髋部同宽。身体略向前屈，手臂呈准备姿势。

2 手臂带动身体，手臂和双手加速使整个身体跳到箱子上。

3 双脚平稳地落在箱子上，此时身体应尽可能挺直。大家常犯的错误是以下蹲的姿势落在箱子上。

4 直接从箱子上跳下来或走下来，重新回到准备跳跃的位置。

单腿深蹲

>> 单腿深蹲（也称作手枪式深蹲）能够增强腿部力量、平衡性、灵活性、协调性和腹部力量。这个动作为核心训练动作，而不单单是训练腿部力量。单腿深蹲属于打开型动作。

腿向
外移

然后向前、
向下伸展

1 从传统的深蹲姿势开始，将身体的全部重量集中在支撑腿（也就是下蹲腿）上。收缩腹部肌肉，用鼻子吸气。

2 随着髋部向下、向后移动，向外侧伸展另一条腿，然后随着下蹲动作的进行，伸展腿向前伸展。

3 在最低的位置，髋部低于支撑腿的膝盖，胸部打开。手臂向前伸展，支撑腿一侧的手略微靠近伸展脚。这样的交叉式旋转动作，有助于纠正髋部和肩部的位置并使其在一条直线上，同时保持脊柱竖直。

增加或降低难度

　　想要降低单腿深蹲的难度，可以使用箱子进行辅助。箱子可以帮助你保持平衡，并且也可以作为杠杆使用。如果使用箱子辅助练习，要确保你的身体完全呈一条直线。大家常犯的错误是往箱子侧倾倒。把箱子放在伸展腿的旁边，在重复动作的过程中，遇到困难时，可以靠箱子支撑。另外，只要支撑腿可以完成动作，应尽量减少靠箱子支撑的情况或者移除箱子。

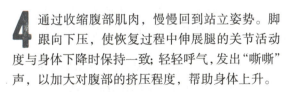

4 通过收缩腹部肌肉，慢慢回到站立姿势。脚跟向下压，使恢复过程中伸展腿的关节活动度与身体下降时保持一致；轻轻呼气，发出"嘶嘶"声，以加大对腹部的挤压程度，帮助身体上升。

脚趾触杠

>> 脚趾触杠是关闭型动作，能够强有力地锻炼核心肌肉或躯干肌肉。学习
这一动作的关键之一是掌握提起膝盖、膝盖触肘、脚趾触杠的逐步进阶
过程。我建议大家也按照这个顺序学习和练习这一动作，这样能够全面地提升
自己，锻炼身体中线的力量。

提起膝盖

1 首先，双臂略宽于肩部，全身伸展，
以正反手方式抓住单杠。保持肩部
主动发力；不要像悬挂的尸体一样，而
应该主动将肩胛骨向下、向后拉，收缩
身体两侧的肌肉。

2 收缩手臂和上背部肌肉，提起膝盖
并使其高于身体中线或者下腹部。

3 按照同样的运动路线，将双脚放下，
注意不要让双脚在身后摆动。

继续练习，逐渐熟练掌握这一动作，然后逐
渐增加膝盖提起的高度，直到实现膝盖触肘
的目标。

增加或降低难度

在逐渐进阶的过程中，每次练习都能增强力量，从而进阶到下一个目标。以膝盖提起的动作为基石，接着实现膝盖触肘，最后完成脚趾触杠。

膝盖触肘

1 继续使用膝盖提起的运动路线，在身体中线位置不要停留，膝盖继续向上升直至接触手肘。这里常见的错误是膝盖只接触到肱三头肌。通过身体中线后，当你蜷缩成一个球，并实现膝盖与手肘接触时，会产生最强有力的肌肉收缩。

2 按照同样的运动路线，将双脚放下，注意不要让双脚在身后摆动。继续练习，逐渐熟练掌握这一动作，为实现脚趾触杠做准备。

动作要点

脚趾触杠的关键是能够连续重复动作。想要实现连续重复动作，应按照双脚上升的路线将双脚放回初始位置。

常见的错误是直接向外"抛"出脚趾，而不是向下放。尽可能按照竖直移动的路线放下双脚，回到初始位置，这样能够确保快速而连续地重复动作，而不会向后摆动双腿。

脚趾触杠

1 收缩手臂和上背部肌肉，以腰部为轴，身体蜷缩，脚趾触杠。注意：脚趾触杠时收缩身体，微屈手臂，膝盖移动到手肘外侧。

2 按照同样的运动路线做动作，将双脚放下，注意不要让双脚在身后摆动。

俯卧撑

俯卧撑是典型的推动型动作，是军事人员训练中的重要组成部分，其原因是：可以在任何时间、任何地点练习俯卧撑，而且非常有效。俯卧撑不仅可以锻炼胸肌，因为它需要使用核心和躯干力量，所以能够锻炼全身的肌肉。俯卧撑属于推动型动作。

注意伸展手臂

1 从平板支撑开始，双手直接放在肩部正下方。强有力地收缩中部肌肉，将全身作为一个整体进行运动。眼睛向下看，让身体沿着脊柱呈一条直线。肩胛骨收紧，让背部的大肌肉群发力完成动作。

2 从脚跟到头顶，保持直线向下移动到最低处。向下移动是主动进行的，而不是重力的作用。在最低处时，胸部距离地面约2.5厘米。

动作要点

在动作过程中，应将注意力集中在身体中线和核心肌肉上。尽管很多人认为俯卧撑主要锻炼上身肌肉，但其实它在很大程度上也增强了身体中线的力量。尝试每次在重复动作时，想象从脚跟到手为一个单一的整体。

增加或降低难度

跪姿俯卧撑因为降低了躯干肌肉的锻炼效果，所以并不是最理想的难度调整方法。降低难度的最好办法是尽全力做出最高质量的俯卧撑，但少做几个。与此同时，保持长时间的平板支撑也是一个好方法，能够为俯卧撑建立基础力量。可以在开始时坚持 20 秒的平板支撑，然后逐渐延长至 1 分钟或者更长时间。确保整个过程中身体保持最佳的状态：保持身体呈一条直线，收紧腹部。

3 收缩手臂、背部和胸部的肌肉，双手按压地面使身体回到最高位置。尽可能做完整的俯卧撑，不要只做到 1/2 或 1/4。要使关节达到最大活动度，能够确保你的手臂完全伸展，同时收紧肩胛骨。

吊环或双杠臂屈伸

>> 吊环或双杠臂屈伸，经常被教练视作上半身的"深蹲"，在力量和综合训练中都是非常重要的技能。可以在双杠上完成臂屈伸，或者增加难度，在吊环上完成这一动作。吊环或双杠臂屈伸属于推动型动作。

吊环贴
紧身体

躯干
下沉

1 首先来到双杠或吊环上，身体完全伸展，双手向内握紧吊环。在动作过程中，保持吊环贴紧身体两侧。

2 弯曲手肘，竖直落下髋部和躯干。这里常见的错误是只弯曲腰部，而下沉髋部。

3 手肘上升到高于肩部时，髋部下沉，胸部自然地向前倾斜，但倾斜的角度不超过45度。注意使吊环逐渐靠近胸部。

4 随着手臂、肩部和胸部的肌肉强有力地收缩，按照下沉的运动路线推动身体上升，回到完全伸展的姿势。

动作要点

相较于双杠臂屈伸来说，吊环臂屈伸难度要大得多。其原因在于双杠是稳固的，而吊环不是。想要获得足够的力量以完成吊环臂屈伸，最好的办法是首先练习双杠臂屈伸。可以把两次双杠臂屈伸看作是一次吊环臂屈伸。

增加或降低难度

如果臂屈伸对你来说很难完成，最好的办法是练习俯卧撑，为臂屈伸奠定力量基础。此外，想要完成吊环臂屈伸，你也可以使用辅助带，将辅助带从两个环之间穿过，然后用一只脚钩住。

手倒立俯卧撑

>> 手倒立俯卧撑能够极大地锻炼全身力量，每做一次这个动作相当于完成约 10 次俯卧撑，它尤其对增强肩部肌肉的力量非常有效。手倒立俯卧撑属于推动型动作。

关节在一条直线上

身体中线收紧

1 站立在训练搭档旁边，使双手略宽于肩部，手指张开，以保持平衡。弯腰，双手撑地。

2 控制自己的身体并轻柔地向上踢起一条腿，然后再踢起另一条腿，如果需要，请训练搭档协助完成。

3 保持身体中线稳固，肩部在双手正上方，髋部在肩部正上方，双腿完全伸展。使用全身肌肉来完成这个动作。

4 头部在双手之间，向下接触地面，然后伸直双臂，回到初始姿势。

动作要点

如单独完成这个动作，可以靠墙支撑双腿直立。

增加或降低难度

想要成功完成手倒立俯卧撑，你可以先练习一分钟的手倒立支撑（只做第1步到第3步）。接下来练习的部分可能有点奇怪：慢慢地将头部贴向地面，然后双脚回到地面；接着双脚向上踢起，回到手倒立支撑姿势，尽可能多地重复该动作。头部下降的最佳持续时间应该为每次10秒左右。

安妮·坂田一直是我的朋友兼训练搭档，我首选她作为我的模特，帮助展示交叉训练精英健身计划中的动作。她拥有精英健身者的所有典型品质，从她对精湛技能的全身心投入到她的善良和友好。安妮就是展现投入、努力、个人信念和强烈目的意识和力量的最好例子。

吊环反式划船

>> 吊环反式划船能够很好地增强上半身力量和综合能力，能够快速地锻炼严格引体向上所需的力量。这是一个拉动型动作，但同时也需要中部肌肉的静态收缩，因此也具有打开型动作的特征。

注意身体
呈一条直
线运动

注意安妮所展示的不正确姿势缺乏身体中线的稳固性，她的上背部呈弓形。

1 设置吊环的高度与肩部平行。双脚站立于吊环正下方，双手抓紧吊环，身体向后倾斜。

2 保持肩部主动发力，收紧肩胛骨，此时你仿佛在尝试在后背脊柱处夹紧一个球。在运动过程中，双脚到肩部应该呈一条直线。

动作要点

正确地完成吊环反式划船,能够极大地增强中线的力量和稳固性,以及上半身力量。

增加或降低难度

想要降低难度,可以双脚向后迈步,距离吊环中心远一点,这样可以缩短动作过程中身体移动的距离。想要增加难度,可以双脚向前迈步。想要达到终极难度,可以将箱子放在身体前侧,双脚踩在箱子上以增加身体高度。

3 使身体处于一个平面上,收缩双臂和上背部,将自己向吊环方向拉。最后以肩部接触吊环为结束姿势。

引体向上

>> 引体向上是典型的拉动型动作，动作虽然简单但能够特别有效地锻炼全身。

需要注意的是，像"悬挂的尸体"一样的姿势会让肩部和背部所有肌肉都放松下来。这是一个非常有害的起始姿势。正确的起始姿势应该是肩膀向后向下旋转，强有力地收紧背部肌肉。

胸腔朝向单杠

收紧肩胛骨

抓杠方式

正手抓杠

反手抓杠

正反手抓杠

对于单杠动作，不论是引体向上、脚趾触杠还是膝盖触肘，你可以使用几种抓杠方式。传统的"正手"抓杠方式是手掌朝外；"反手"抓杠方式是手掌朝内；"正反手"抓杠指的是一只手朝外，一只手朝内，和硬拉动作中的抓握方式相似。格拉斯曼教练曾经告诉我："你会想要达到一种状态——在任何物体上使用任何抓杠方式，不论是杠、树枝还是楼梯栏杆，你都能抓住然后做引体向上。"

1 举起双手抓住单杠，大拇指环绕住单杠，肩胛骨强有力地收紧。躯干逐渐靠向单杠，确保肩部发力，这样能够更好地运用背部肌肉。注意：随着肩胛骨收紧，躯干与单杠的角度会发生变化。胸腔会朝向单杠，此时打开胸部，让背部继续发力。

动作要点

完美的引体向上动作关键在于收紧肩胛骨，使两侧肩胛骨向内靠拢。请注意起始姿势要保持身体肌肉主动发力，而不是像尸体一样悬挂在单杠上。最佳的肌肉发力方式是依靠背部的大肌肉群发力，而不是只依靠双臂发力。单是这一条规范就帮助数百个执法警官通过了美国特种部队的评估测试。

增加或降低难度　+/−

为降低难度，可以使用箱子或者辅助带，协助身体达到最高位置。达到最高位置后，保持10秒，慢慢回到最低位置。然后借助辅助带，从箱子上跳起或者让别人推动你，从最低位置马上回到最高位置。重复缓慢而有控制的下降动作。

为增加难度，可以使用负重腰带，在其中增加重量（通常是挂一个壶铃），或者双腿交叉托起一个哑铃。

吊环反式划船也能够帮助锻炼做引体向上时所需要的肌肉力量。因此，练习吊环反式划船，能够帮你降低引体向上动作难度。

2 通过背部发力和双臂向上拉，引导胸腔靠近单杠。保持这个角度继续向上，在到达合适的高度后，下巴应位于单杠上方。要保持胸腔的角度直到最后一刻，这样能够确保在完成动作期间背部肌肉发力。

3 身体竖直向下，回到起始位置。向下时要确保控制自己及时"刹车"，不要回到像"悬挂的尸体"一样的姿势。

跳绳

>> 跳绳是一项很好的综合型和协调型技能，它能够锻炼身体的节奏感、准确性、协调性和敏捷性。双摇，指的是每次跳跃时绳子从脚下经过两次，经过耐心的练习，你也可以掌握这个技巧。刚开始练习时，你可以先不使用跳绳，只练习正确的跳绳姿势。

注意挺直身体

1 首先，快速摇动绳子，双手贴紧身体两侧，将注意力集中在高速转动的手腕上，不要旋转手肘或肩膀。

2 脚掌离地跳起，脚跟不着地。这里常见的错误是像驴踢腿一样，收缩腘绳肌，脚跟向后踢。

动作要点

学习双摇时，我会计时 5 分钟进行练习。我允许自己在这个过程中绊倒、被绳缠住或者四处摇晃，因为我知道我只是需要时间练习，经过练习，我就会成功。还可以通过设立小目标来练习，开始设立完成 5 个连续双摇的目标，然后增加到 10 个，长期目标是 100 个。做这个动作时，可能会越来越紧张。记住要偶尔休息一下，深沉而均匀地呼吸，站在原地轻轻跳跃。最后，如果需要，先单摇一次再开始双摇。从多次单摇跳绳转换到双摇，在节奏上可能很难完成，所以只需要一次单摇，这样能够让绳子加速，然后马上转换成双摇。

需要注意的是，单摇和双摇的差别在于绳子转动的速度，而不是跳跃的高度。常见的错误是跳得太高，这会加快肌肉疲劳。

波比跳

波比跳包含深蹲和俯卧撑两个动作，能够锻炼身体的力量和灵活性。这是一个非常好的综合型动作。我们应该将波比跳看作是非常具有技巧性的动作，而不是笨拙地扑倒在地然后又站起来。较好地完成波比跳中的动作转换能够锻炼速度、敏捷性、协调性和平衡性。波比跳包含打开型和推动型动作。

1 首先，站立在地面上，准备开始运动。最初的运动几乎和深蹲完全相同，向后向下蹲，同时挺胸并抬起双臂。

2 深蹲到最低处后，将双手放在地面上的同时，双脚跳跃并向后移动。初学这个动作时，可以先将双手放在地面上，然后双脚再向后跳跃或者迈步。而高水平者则可以使双手和双脚同时触地，身体在空中有短暂的停留。

3 一旦身体呈平板支撑姿势，马上控制身体完成俯卧撑，然后回到平板支撑姿势。

4 中部肌肉强有力地收缩，收回膝盖并使其蜷缩在胸腔下面，同时挺胸并抬起双臂。这时来到深蹲的最低位置。与从深蹲到平板支撑的过渡相似，从平板支撑回到深蹲时也有一瞬间在空中停留并失重，这与在深蹲的最低位置可控的准备姿势形成对比。

5 通过脚跟的爆发力伸展双腿，打开髋关节，跳到空中。跳跃的高度可大可小：至少要双脚离地，双手能够在头顶击掌。

动作要点

在做平板支撑和俯卧撑时，要集中注意力，保持身体呈一条直线。为确保腰背部的安全，同时增强中线稳定性和力量，在平板支撑和俯卧撑环节，身体应作为一个单一的整体移动。常见的错误是身体不能呈一条直线移动，这样会把身体从中间分隔开来，降低通过中部肌肉锻炼力量的效率。

竖直向上跳起。想象自己正在做跳水运动，你的目标是获得 10 分且不产生水花。为了达成这个目标，你必须打开髋关节，激活腰背部的竖脊肌，这样从手指到手肘、肩部、脊柱、髋部、膝盖和脚踝的关节都能够在同一条直线上。想要确保身体挺直向上跳，可以在高于手臂完全上举时的位置约 15 厘米处放置一个物体，然后尽可能跳到这个高度。

举重类训练

你可以只采用自重类训练动作来完成一个交叉训练精英健身计划。我在军队训练部署或被派往执法训练学院时，因为没有举重器材，进行过很多次自重类训练。自重类训练很容易适应你的生活环境，而且性价比较高。但是，举重类阻力训练和其他训练工具能够加速力量锻炼，也能够事半功倍地增加精瘦肌肉量并燃烧身体脂肪。

为了接触到器材，你需要一个健身房。你可以在健身房训练，或者打造自己的车库健身房。一开始你可以只使用药球和壶铃，但最终你可能会用到杠铃、深蹲架、哑铃和引体向上杆。此外，划船机也很不错，同时你可能也会想要一根爬绳。交叉训练健身房拥有的以上器材，传统的健身房可能也有，但可能不会有这么齐全的器材。

下面让我们开始安全而巧妙地使用举重器材来练习基本动作。

呼吸与举重

　　举重时，有意识地呼吸是非常必要的。著名的瑜伽教练罗尔夫·盖茨曾在指导一个瑜伽体式时对我说："依靠呼吸移动身体。"我非常喜欢这个概念，我把这种哲学概念运用在体操、举重和瑜伽中，并获得了深远的效果。呼吸的关键在于在身体里形成压力，从而产生力量和张力。吸气以形成压力，为身体注入生命活力；而在身体开始将力量作用到负重器械上时，慢慢呼气，就好像你在发出嘶嘶声。这个声音就像拳击手在承受对手的打击时可能会发出的声音：短而刺耳的呼气声，这样呼气会增加腹部的内部压力。

　　我们用后蹲来举例。在架杠的最高位置时，深深地吸气使肺部扩张并为身体增压。继续吸气的同时，通过深蹲，身体下沉至最低位置。在我开始对架杠施加压力并伸展双腿时，我使呼气的节奏配合上升的动作。在身体上升的过程中，遇到阻力时把注意力放在呼气上，将空气压出体外，这会增加我能使用的压力和力量。在架杠的最高位置，深深地吸气并重复上述过程。

　　重要的是，要在身体直立和处于最有利的姿势时吸气。比如，在硬拉动作中，处于站姿时深深吸气。继续吸气的同时，身体下沉至最低位置，抓取杠铃。这时可能会多吸入一口气来增大压力，然后身体开始上升。就在我拿起杠铃回到站立姿势时，呼出全部气体，从而增加呼气所带来的力量，以对抗杠铃的阻力。

架杠动作

后蹲和前蹲是从一个经常被人忽视但却很重要的动作开始的：从深蹲架上拿下杠铃，扛着杠铃向后迈步，然后再开始深蹲。我训练新的运动员时，经常让他们反复单独练习这个动作直到形成习惯。我经常强调，举重从双手触杠的时候就开始了。在训练中融入心理和精神的作用，培养这种能力的方法之一是学会将意识带到动作的每一个步骤里。这里是以后蹲为例，同样的架杠动作也可以用于前蹲或者推举动作。

1 双手抓杠铃，双手位于肩部外侧约 8 厘米处，其目的是让双手找到合适的宽度，能够让你向外旋转肩部，从而在上背部、斜方肌和肩部形成张力。你会使肌肉形成一个平台架住杠铃。腕关节伸直，手肘位于肩部下方。大拇指钩住杠铃或者放在杠铃下方，这都能够使其与腕关节形成一条直线。

钩杠

正反手抓杠

2 用肌肉搭建好平台后，站到杠铃下方，抓杠。将杠铃向下拉到自己的肌肉平台上，同时挤压三角肌、斜方肌和上背部，固定杠铃。深深地吸气以形成腹部的内部张力，然后以蹲姿将杠铃移出架子，同时使用双腿、髋部和背部的力量。保持背部挺直，颈部处于中立位。

3 杠铃由背部支撑后，向后迈一步离开深蹲架。此时应该缓慢、从容而准确地迈步。注意：每次从深蹲架上架起和放回杠铃时，都要使用同样的方法，以形成肌肉记忆。我习惯先迈右脚，然后再迈左脚。向后迈一步离开深蹲架时，要相信自己能做到，不需要向下看自己的脚，逐渐培养感知自己在空间和时间中移动的能力。

4 在完成深蹲动作之后，用同样的方式将杠铃放回深蹲架。此时应从容地向前迈右脚，然后再迈左脚，接着打开深蹲架上的固定栓，最后以蹲姿将杠铃直接放上去。

后蹲

从深蹲架上移出杠铃并稳定站姿后，可以开始后蹲。后蹲的完成方式和徒手深蹲一样。我提倡学习高杠式后蹲，因为它更容易学会，并且更容易转变为徒手深蹲的运动方式。杠铃后蹲属于打开型动作。

1 收紧臀部，膝盖向外打开，想象双脚铺实地面。将你的双脚和膝盖用力向外旋转，将肩部和上背部收紧，保持肌肉形成的平台状态。

2 保持背部平直，小腿尽可能垂直于地面，臀部向后向下移动。保持头、颈和脊柱在一条直线上。

这个角度突出了后蹲的几个重要元素：请注意髋部折叠处低于膝盖，肩胛骨向外旋转，伸直腕关节，保持腰椎曲线，骨盆向外旋转，膝盖位于双脚正上方，保持颈部中立，杠铃放在斜方肌和肩部上部形成的"肌肉平台"上。

3 当你下降到最低位置时，全身保持张力，髋部折叠处低于膝盖。记住下降的过程并不是重力作用，而是自己主动拉动自己到最低位置的过程。

4 通过脚跟发力，伸展双腿和髋部，回到初始位置。

前蹲

>> 后蹲是非常好的综合能力训练动作，而前蹲是真正的技巧型动作。在我教授过的执法训练课上，我将前蹲与举起犯罪嫌疑人联系在一起。一般来说，我们想要面对对手，因为如果这个对手在我们后面，我们就有麻烦了。举起一个小孩，拎起一袋狗粮或一个装满约 19 升水的水桶，这些都是前蹲应用在生活中的例子。前蹲属于打开型动作。

动作要点

前蹲实际上是在锻炼中部肌肉，希望通过锻炼腹部核心增强中部力量。大多数时候，在进行前蹲训练之后，你会感到腹部肌肉有酸痛感。想要真正激活核心，你需要有意识地挤压腹部内部的空气。你可以这样做：在身体开始下降前，通过鼻子深吸一口气，在最低位置屏息，然后咬紧牙关向外挤压空气，发出嘶嘶的声音。一个很好的技巧是手肘带动身体回到初始位置。要确保这个动作是直线运动，从而符合正确的生物运动学原理。

1 在深蹲架前摆出前蹲架杠姿势。前蹲可以从深蹲架开始，也可以通过地面高翻动作开始。目标是使用肩部和上胸部形成的"肌肉平台"支撑杠铃，而不是依靠双臂的力量。让大拇指环绕杠铃，因为这将有助于推举动作。想象手肘是激光束，你希望将激光朝你的前方发射出去。

2 双脚压实地面，通过双脚和膝盖用力向外扭转形成力矩。挤压臀部，中部肌肉发力。

3 随着膝盖向两侧打开，手肘向前向上移动，臀部向后向下移动。尽可能挺直胸部，保持头、颈和脊柱中立并在一条直线上。

4 当身体下降到最低位置时，髋部低于膝盖。保持身体直立，手肘带动身体，从最低位置起身。与下降的运动路线相同，回到初始位置。

过头蹲

>> 这是深蹲动作之"王"，这个动作像显微镜一样能够放大任何你在徒手深蹲、后蹲或前蹲中的错误。这个技能需要多年的练习，但是其具备的运动适应性非常值得你花费时间和精力去练习。如有必要，请先使用轻量的聚氯乙烯（PVC）管练习，每天至少用 5 分钟时间练习这个动作的关节活动度，然后缓慢地、逐渐地增加负重。过头蹲是最高级别的打开型动作。

1 使用过头蹲的抓杠距离（参见"动作要点"）抓杠。从深蹲架上取下杠铃，摆出深蹲站立姿势。

2 膝盖向外打开，臀部略微向后移动，保持躯干直立，启动身体后侧肌肉群，即背部、臀部肌肉和腘绳肌。

3 有力地伸展膝关节和髋关节，带动杠铃举过头顶。为了保持肩部稳定，向前旋转腋窝，想象自己正试着把杠铃

掰成两半，这样能够形成张力和力矩。不要让杠铃架在伸展的双臂上，而是有力地将其举向天空。杠铃要握在手掌中心，腕关节与小臂在一条直线上，不要弯曲腕关节。

动作要点

　　抓杠是关键。想要正确抓杠，可以先使用 PVC 管练习一系列直臂环绕动作：保持手臂伸直，尽可能宽距离地握住 PVC 管，让管从髋部绕过头顶到达腰背部；每次成功完成直臂环绕后，缩短双手之间的距离，然后重复该动作。你要寻找一个合适的抓杠宽度，这个宽度能够让你完成直臂环绕，但是只要缩短一点点双手之间的距离，你就需要略微弯曲手臂。然后，将这个抓杠宽度运用在 PVC 管或杠铃上。

　　过头蹲能够较好地测试身体中线的稳固性和柔韧性。因此，我使用过头蹲来评估新的训练者，测试他们的动力控制能力和活动限制情况。

　　需要注意的是，在整个举重过程中，杠铃的重量应均匀地分布在身体两侧。也就是说，杠铃始终在双脚中部位置的上方。因此，身体下沉时向后拉杠铃非常重要。常见的错误是在深蹲的最低位置保持杠铃位于"头部正上方"，此时杠铃应该位于头部偏后的位置。

4 保持肩部用力向上推举杠铃，臀部向下向后移动，同时保持躯干直立。将注意力集中在向外旋转膝盖，双脚压实地面。随着身体向下沉，主动往回拉杠铃，保持杠铃在你质量中心上方。

5 最低位置与徒手深蹲、后蹲、前蹲一样。髋部折叠处低于膝盖，挺直胸部。接着伸展髋部和膝盖，身体上升至最高位置。

6 如果你想多次重复该动作，重新摆出站立姿势开始即可。如果要做组合动作，将杠铃放在你前方的地面上。不要尝试将重量超过杠铃的东西放在颈椎上。

硬拉

⟫ 硬拉属于打开型动作。正如格拉斯曼教练教给我的那样："硬拉极其简单，但其增强全身力量的能力独一无二。"硬拉可以增强任何运动技能，这个动作在健身房和生活中都很常见：在最高级的应用中，硬拉是挺举的先决条件；而在日常的基本应用中，硬拉无非是将物体从地面上捡起。

格拉斯曼教练教给我自上而下的准备技巧，至今我也一直把这个技巧教授给其他人。你可以想象自己正在放下杠铃，空手来到起始位置，然后双手抓握真实的杠铃。一旦你的双手抓住杠铃，你背部的角度就会形成（如图所示），并且已经正确地为硬拉做好准备。

注意身体呈一条直线运动

肩膀略在杠铃前侧

1 根据自上而下的准备原则，按照硬拉的一系列动作触杠，抓住杠铃，身体尽可能多地形成张力。

2 以正反手方式抓杠（参见"抓杠方式"）。这种抓杠方式非常有效，能够保证杠铃尽可能少地在手中转动。你也可以使用传统的举重抓杠方式，这种抓杠方式常用于翻站动作，对增强高翻动作时的手部力量和拉动力量非常有效。

动作要点

硬拉的关键在于自上而下的准备姿势。一旦你的双手抓住杠铃，你的身体姿势就已经准备好抬起杠铃，并且准备开始硬拉了。试图在最低位置调整身体做任何明显的动作一点都不简单，而且这通常会阻止运动者形成正确的运动姿势以推举沉重的杠铃。

3 双腿站直，两脚与髋部同宽，小腿垂直于地面，膝盖位于杠铃后侧。低下头，这样能确保从髋部顶端到头顶呈一条直线运动。

4 从地面上竖直抬起杠铃，保持肩部主动发力，杠铃尽可能贴紧身体。开始拉动时，脊柱位置保持不变。

5 灵活地抓杠并使杠铃贴紧身体，抓着杠铃起身，激活臀肌。肩部和髋部以同一速度上升。

6 放下杠铃时，按照原来的运动路线回到初始位置。整个过程中保持身体张力，伸展双腿直到杠铃经过膝盖，或者直接将杠铃从高处扔到地面上。

壶铃甩摆

>> 壶铃甩摆属于打开型动作。这里常见的错误是用手臂推动壶铃，注意这一点很重要。其实完成这个动作的力量来自髋部，而不是手臂。我第一次参加交叉训练时，就接触了壶铃甩摆，我马上就喜欢上了这个动作。我在自己的训练中也加入了壶铃，并且每天都在我的健身房里练习这一技能。需要注意的是，大多数你需要使用杠铃或哑铃的动作都可以使用壶铃完成。

1 像硬拉动作一样，采用自上而下的准备原则。双腿站直，两脚与肩同宽，激活中部肌肉。壶铃位于双脚前方约 20 厘米处。

2 将肩部向后拉，使小腿垂直于地面，头部保持中立，臀部向后向下移动，激活腘绳肌。保持背部挺直，低下头，这样能确保从髋部顶端到头顶呈一条直线运动。

3 在硬拉的最低位置，向前伸手抓住壶铃。身体尽可能多地形成张力。

4 按照硬拉的动作顺序起身，同时拉起或提起壶铃，如扔足球一样，在两腿中间的后方开始甩起。

5 通过三关节伸展来主动伸展腿部和髋关节，并向前推动臀部。在甩摆时保持手臂伸直。

6 当随着壶铃来到与眼睛相同的高度时，略微弯曲手臂。手臂的位置和开车时一样，手臂没有完全伸直，但也不像霸王龙的手臂那样短。

7 利用髋关节伸展所产生的力量，继续将壶铃甩摆至头顶。手腕带动壶铃垂直指向天空。

8 如果要循环到下一个甩摆动作，请沿着同一运动路线将壶铃放下，同时保持躯干直立。当壶铃接近髋部的高度时，主动向后推动髋部，收紧臀部，在两腿之间向后拉动壶铃。要主动带动壶铃下降，而不是靠重力作用。你在运用这个动作的高级阶段时，实际上是在尝试克服重力作用。

动作要点

启动第一次甩摆上提的方法是这个动作的关键细节。第一次甩摆的关键是找到最完美的最低位置。保持躯干尽可能直立，略微弯曲膝关节，并将伸直的手臂放在膝盖上。然后，保持手臂伸直，将手腕放在两腿之间，仿佛从这里开始甩摆。请勿改变背部姿势或腿部姿势。这是甩摆理想的最低位置。这里的关键是启动身体后侧肌肉群和髋部，而不是股四头肌。

增加或降低难度

刚开始做这个动作时，可以使用轻量的壶铃，有必要学会正确的运动方式和技巧。还有一个降低难度的方法是将壶铃甩摆到与眼睛相同的高度，也称"俄式壶铃甩摆"。这个动作适合肩部灵活性有限的运动员。久而久之，逐渐增加甩摆的高度，直到关节完全活动开，从而可以甩摆到头顶所在的位置。

推举

>> 推举是典型的推动型动作，对于基础力量型动作，推举算是一个。推举不仅仅锻炼肩部肌肉，注意在动作过程中也要收紧臀肌。这个动作能够激活躯干和核心的所有肌肉。正确完成这个动作时，推举会利用整个上半身和躯干的肌肉群及其运动模式。

动作要点

确保主动运用身体中线的力量，并做好准备。在推举时，保持腹部内部压力，这样能够让你将力量从中部通过肩膀和手臂传递到杠铃上。此外，保持身体中线稳定在借力推举和借力挺举时非常重要，因此必须在推举时充分锻炼身体中线的稳定性。

1 在深蹲架上抓好杠铃，双手紧贴肩膀外侧，手肘略微在杠铃前侧。杠铃放在与前蹲一样的架杠位置。大拇指环绕杠铃杆。

2 使用后蹲或前蹲时的方法，迈出深蹲架。双脚位于髋部正下方，脚趾朝前。收紧臀部，启动中部肌肉。

3 直接推举杠铃向上，同时头部略向后以使杠铃垂直向上。杠铃经过脸部后，继续垂直向上经过头部。手臂完全伸直，杠铃在头顶上方时，本次动作完成。

4 主动垂直向下拉回杠铃，拉回时和杠铃上升时的运动路线相同。头部略向后以使杠铃垂直向下。

借力推举

>> 借力推举属于推动型动作。借力推举是奥林匹克式举重的基石，它将推举和奥林匹克式举重联系在一起。在借力推举中，力量从髋部和躯干肌肉经过身体核心传递到四肢，然后利用身体的爆发力将杠铃举过头顶。好好感受这种力量流，你可以将这种感觉运用在很多其他的活动和体育运动中。

注意肩部、髋部和脚跟在一条直线上

1 按照推举的原则做好准备姿势。在这个举重动作中，你将使用髋部和腿部所产生的力量和爆发力来推举杠铃。

2 保持躯干直立，膝盖向外，臀部略向后移动。髋部做好准备，好像你准备跳离地面一样。

3 用力伸直双腿和髋部，将力量作用在杠铃上。伸展手臂并从髋部获取能量，以继续推动杠铃举过头顶。头部略向后以使杠铃垂直向上。

4 当杠铃返回架杠位置时，由于下落时重量增加，使用双腿作为减震器以帮助手臂承受重量。在承受住重量后，或重新调整姿势，或直接利用架杠姿势马上重复下一次动作。

仰卧推举

在运动训练中，没有比正确完成几次仰卧推举更让你感到舒服的事了。这个动作的技巧很重要。注意：训练时要始终找人在旁边看着你。这对保证你的安全至关重要。仰卧推举属于推动型动作。

1 在别人的帮助下，将杠铃移出架子并举至胸骨正上方。杠铃稳定后，协助的人可以松开双手。深深地吸气，准备推举。

2 保持手臂伸直，肩胛骨向后向下拉。杠铃在胸骨的正上方（而不是颈部或胸腔）。双脚踩实地面，膝盖向外打开，小腿与地面垂直。身体与长凳的接触点是臀部、肩膀和头部。

动作要点

　　仰卧推举的关键在于使用背部力量，而不是只聚焦于胸部的力量。推举杠铃时，想象自己正试着把杠铃掰成两半。这个动作使背阔肌发力，可帮助你最大程度地使用整个上半身的肌肉。想要降低难度，自重俯卧撑是非常好的选择。

3 主动向下"拉动"杠铃，杠铃触碰胸骨后，马上推举杠铃回到初始位置。推举时呼气，这样能够增加内部压力并将力量作用于杠铃上。

4 完成练习时，确保在别人的帮助下将杠铃放回到架子上。

奥林匹克式举重

>> 高翻、翻站和上挺是交叉训练精英健身中的 3 种奥林匹克式举重动作。高翻指的是将杠铃从地面移动至呈架杠姿势（杠铃放置在肩部前侧）。翻站与高翻相似，但包含一个完整的前蹲动作。上挺是一个复杂的动作，需要运用全身的肌肉以熟练的技巧完成爆发力动作，这个动作将杠铃向上举起，同时将身体快速推到杠铃下方。翻站和高翻属于打开型动作，加上上挺动作后，这个过程包含了打开型和推动型动作。每种动作本身都是强有力的练习动作，但是也可以结合在一起成为挺举。

高翻

1 按照硬拉的一系列动作，弯下身抓住杠铃。使用钩杠的抓杠方式，身体尽可能多地形成张力。在钩杠方式中，食指和中指"钩"在大拇指上面。

2 双腿站直，两脚与髋同宽。小腿垂直于地面，膝盖位于杠铃杆后侧。低下头，这样能确保从髋部顶端到头顶呈一条直线运动。

3 从地面上竖直抬起杠铃，保持肩部主动发力，杠铃尽可能贴紧身体。开始拉动时，脊柱位置保持不变。

4 灵活地抓杠并使杠铃贴紧身体，继续抓着杠铃起身，当杠铃接近腰部的高度时，加快杠铃的移动速度。

5 一旦你形成了三关节伸展（踝关节、膝关节和髋关节伸展），就主动耸肩。

6 为保证杠铃垂直运动，向后拉手肘，然后快速向前抬起手肘，让杠铃放置在肩膀上，也就是呈架杠姿势。此时注意重新略微弯曲膝关节和髋关节。高翻中最漂亮的动作是在杠铃加速向上升的同时，身体向后倾接住杠铃。此时注意手肘朝前，肩膀在髋部正上方。

7 架着杠铃，用全力站直。

8 按照同一运动路线放下杠铃。

奥林匹克式举重（接上页）

上挺

1 无论你是从深蹲架上拿下杠铃还是上接翻站动作，准备动作都是相同的。使用中部肌肉发力，收紧臀部，收缩肩部。手肘呈 45 度角，以前蹲架杠姿势或接近前蹲架杠姿势抓杠。

2 保持躯干直立，臀部略微向后向下移动，膝盖向外，髋部在双脚之间下沉。这个下蹲的动作与前蹲开始时下蹲 10 ~ 15 厘米的动作完全一致，也和借力推举的下蹲动作完全一致。注意保持肩部在髋部正上方。

3 强有力地伸展髋关节和膝关节，进入三关节伸展状态。这个动作会让杠铃"跳离"肩部，这与火箭推的动作相似。随着杠铃离开肩部，头部略向后以使杠铃垂直向上。

4 在杠铃向上的过程中，推动身体来到杠铃下方。举起杠铃时，手臂完全伸展，肩膀向后收紧，膝盖向外打开，腋窝朝前。

5 过头蹲举杠铃至最高位置，如有需要，可以在此时重新调整双脚站姿。通过踝关节、膝关节和髋关节形成三关节伸展从而完成动作，手臂完全伸展，举过头顶的杠铃在正立面上。

动作要点

就奥林匹克式举重而言，好的教练会帮助你建立正确的运动方式，错误的运动方式和习惯很难改掉。

伟大的奥林匹克式举重教练迈克·伯吉纳尔提出的两条建议对学习挺举动作非常有用。一是"像一条垃圾场里的流浪狗"，这个概念说的是进取精神。有的时候你需要告诉杠铃谁是老大，然后猛追着它不放。另一条建议是"弯曲手臂，力量终止"。简而言之，在这个动作里手臂如同挂钩，始终伴随着动作。力量则来自下肢和强有力地耸肩动作。

翻站和上挺的结合——挺举

　　挺举能够极大地增强你的运动能力和力量感。掌握这个动作分为两部分：首先，掌握翻站技巧，将杠铃带到架杠位置上，从此时开始，你可能需要重新调整双脚使其位于髋部正下方，同时改变手肘位置来为上挺动作做准备；然后，按照前两页的步骤，深吸一口气，下沉身体，推举，再下沉，直到你能完成上挺动作。

　　挺举是一个非常复杂的动作。如果能做好这个动作，那将是非常美妙的——通过一系列协调的高速动作，你使用爆发力将杠铃从地面上举起并站到杠铃下面。

注意这里是完整的前蹲动作

对于有难度的重量，挺举既需要身体力量，也需要勇气。举重教练迈克·伯吉纳尔说过："掌握挺举最好的办法是保持如垃圾场的流浪狗一样的疯狂心态。"我认为努力练习挺举会给你带来不菲的收益。最开始时你的回报是强大的身体力量，到了后来，你会逐渐获得坚定的决心、强大的自信心和坚强的意志力。想要实现这些目标，伯吉纳尔教练给出的一条建议是：全身心投入手上的任务来击败恐惧，狂热的信念会帮助你完成任务。使用挺举技巧来培养这种人生态度，然后将它运用在人生的每个角落吧。

火箭推

>> 火箭推将打开型动作和推动型动作完美地结合在一起，但是，这个动作的大部分力量来自你的打开型动作。火箭推是前蹲和借力推举的结合体，其快速和重复的动作需要运用很多肌肉群，从而使这个动作和少数其他几个动作一样，具有强大的新陈代谢调节作用。火箭推作为最大化训练强度的潜力动作，很难被超越。使用略微轻一些的重量时，这个动作能够加快心率，锻炼强大的体力和耐力；使用较重的重量时，火箭推能够培养惊人的力量和爆发力。

手肘略微位于杠铃前侧并朝向前方

杠铃垂直运动

膝盖位于脚趾正上方

髋关节
完全伸展

动作要点

可以设定两个目标：一是连续完成 50 次杠铃火箭推，其中男性使用约 20 千克的杠铃，女性使用约 15 千克的杠铃；二是使用重量为体重的杠铃，完成 1 次火箭推。第一个目标能够培养体力和耐力，第二个目标能够培养力量和爆发力。

一个关键细节是在杠铃离开肩部之前，要确保踝关节、膝关节和髋关节形成三关节伸展状态。这里的原理是通过髋部的急剧加速将力量传递到杠铃中，并且只有在伸展且杠铃位于架杠位置（在肩膀上）时才可以完成动作。

1 从架杠姿势开始，手肘略微位于杠铃前侧。

2 向后向下蹲，保持杠铃在正立面上，手肘朝向前方。保持胸部挺直，重心放在脚跟上，膝盖在脚趾正上方，想象双脚压实地面。

3 关节完全活动开，髋部折叠处略低于膝盖。保持骨盆向外旋转，保持重心在脚跟上，膝盖位于脚趾正上方。

4 通过收紧核心、髋部和腰背部来向上加速。伸展双腿和髋部，将力量作用在杠铃上。髋关节完全伸展后，带动杠铃举过头顶，伸直手臂。注意杠铃仍在正立面上。

5 主动将杠铃拉回至架杠位置，保持腿部和髋关节完全伸展直至杠铃重新稳定地架在肩膀上。

药球抛射

>> 药球抛射将打开型和推动型动作结合在一起，能够训练敏捷性、节奏感、协调性和耐力。这个动作包含了前蹲和火箭推的技巧，并且增加了抛物和跟随的动作元素。这个动作能够教会运动员如何接住推给他们的物体，并且会对武术和其他运动产生影响。注意：传统的抛射高度为男性 3 米，女性 2.4 米。

动作要点

尽可能高举药球，这样能够尽可能地缩短药球移动到目标位置的距离。

在身体下沉的过程中，应尽早接球。通过尽早跟踪药球并控制其下降的最后落脚点，你可以大大提高这项技能的效率。另外，要把握好向后向下蹲的时机，即球回到胸部位置的时候。将球引导到正确的位置有助于提示下半身做好下降的准备。

1 摆出深蹲站姿，双手手掌以相同的力量支撑药球（4.5千克、6.8千克或9千克）。腕关节竖直，手肘在手腕正下方。利用前蹲的原理，用胸部建立一个架子来支撑药球，而不要依靠手臂。

2 利用前蹲或火箭推的原理，进行可使关节完全活动开的深蹲。手肘位于膝盖之间，与地面保持垂直，保持腕关节竖直。

3 深蹲后起身时，急剧加速。达到三关节伸展时，将力量从髋部转移到药球上，同时伸展手臂，完成抛射的目标高度。

4 保持手臂伸直以接球。尽可能早地接住并跟随药球，引导药球回到架球位置。待药球稳定地架在胸前之后，臀部开始向后向下移动，进入深蹲姿势，然后开始重复下一次动作。

精通的意义

就健身的长远和全面发展来说，它并不是机械地重复动作，而是要精通动作。

想要做一个伟大的运动员，其秘诀就在于长期、深入地练习基础技巧，甚至痴迷于如何完美地做好一个深蹲动作、一个俯卧撑动作或者一个脚趾触杠动作。正如优秀的小提琴家每天都会花费时间练习演奏的基本技巧，并且当他开始练习顿弓技巧时，他也不会放弃练习这个技巧转而练习其他技巧，他还是会坚持不懈地练习这个技巧。高尔夫球运动也是一个有力的例证，优秀的高尔夫球手每天都会练习基础的挥杆动作。顶级选手在比赛中如果成绩不如意，他们可能会重新开始训练，从头开始练习挥杆动作。

近代松涛馆流空手道创始人船越义珍曾在这方面上过很好的一课。他把 100 个最优秀的学生集合在一起，他们都是黑带高手，船越义珍为他们上了一堂特别的训练课。这些武术家聚在船越义珍身边，期待能够从他口中听到成功的秘籍。

他们在等待的过程中有些困惑，因为船越义珍下蹲扎了个马步，眼睛平视前方，安静地做出前臂外隔挡动作。一遍又一遍，做了 20 遍，这位空手道顶级大师还在继续重复这个动作。

在他继续做这个动作时，他的眼睛看向手臂，看着手臂旋转的动作和旋转的角度，然后将目光锁定在这里。他又继续做了 20 遍这个动作，甚至更多遍。同时，他的学生都希望在空手道上获得更高级的指导，因此都在期待他赶紧透露其中的秘诀。

大师最终说了一句话，让他们都震惊不已："我想我终于开始慢慢掌握这个技巧了。"

在这个简短却令人信服的展示里，船越义珍精彩地传递了精通的真正含义：精通是一种心态，坚持深远的目标，致力于学习，不受自我的束缚。

我对精通的理解来源于武术训练和格拉斯曼教练的指导。教练经常在锻炼中强调"技能精湛"的概念，他经常使用这个短语，让我们将动作做到"技能精湛"。我们都知道这是希望我们熟练地完成动作，但有一天我锻炼完之后，我还是想问问格拉斯曼教练这个短语为什么如此重要。

他引用了几年前发生的一个故事。一天，他去观看在洛杉矶一个大型体育馆举办的高中体操比赛，体育馆里挤满了人，几个体操选手正在比赛场馆的各处练习整套动作，他们分别在双杠、鞍马、吊环、平衡木和地面上练习。现场本来很吵闹，但是突然变得鸦雀无声。教练说那时他花了好一会儿才清楚突然安静的原因，他期待着有什么不可思议的事会发生。

接着所有人的目光都集中在一个体操选手身上，他正在吊环上保持直角支撑姿势。他双手抓住吊环，在空中保持双腿平行伸展。

他一直保持着这个姿势，这让教练感到很奇怪。毕竟，直角支撑在体操中是最基础的动作，单纯做这个动作在比赛中不会得分，只有做更加复杂的动作才能得分。但是格拉斯曼教练很快明白了为什么会发生这样戏剧性的一幕：这个选手的直角支撑动作堪称完美。格拉斯曼教练之所以引用这个例子，是因为他想解释"技能精湛"的定义：将平凡的事情做得不平凡。

技能精湛：
将平凡的事情做得不平凡。

这是个最简单不过的姿势，体操运动员在训练的第一天就需要练习，但是这位运动员能用这个姿势将所有观众的目光都吸引住，并且这些观众也很难表达这其中的原因。当一个大师级人物将最平凡的事情做得不平凡，我们似乎潜意识里就能感觉到。

在训练中，你应该强烈希望在每次课程后都能够更好地完成基础动作，即使提升和理解的空间越来越小，但这能够为你带来巨大的益处，这一点我再怎么强调都不为过。这就是滴水成河、聚沙成塔，你会发现点滴的积累能够收获满意的回报，让你在意想不到的事情上获得巨大进步。

第4章

准备工作

我和其他5个人在一次计时训练中，用不同的组合和重复方式做了火箭推（前蹲和借力推举的结合）和引体向上动作。那天早上的白板上写着这个组合，看起来一点都不显眼，但是这个火箭推和引体向上的组合训练（后面称之为"弗兰"，这里是为了区别每个基准锻炼，因此格拉斯曼教练起了这个名字）迫使我们达到体力极度消耗的红线区域，同时直接达到并超过我们的无氧极限。无论从字面上讲还是从形象上讲，这都是一次炙热的锻炼，我们每个人都互相看着对方，并注意到自己的喉咙因全力以赴锻炼时的呼吸和高强度的新陈代谢而被灼伤。

　　"我感觉我一直在喷火！"我用沙哑刺耳的声音大声说，"我们就是一群喷火精英！"

　　这些年来，"精英健身者"这个词已经不仅仅用来形容高强度训练的效果了。做一名精英健身者意味着你要将全部的能量、精神和意愿注入你的训练中，带着目的并竭尽全力燃烧自己。

　　在第2章中，我们对"精英健身者"下了定义。这里我们来进一步分析这个词的定义——成为精英健身者有两个层面的含义。

　　1. 一个人以不屈不挠的精神面对强大的身体对抗所带来的磨难并战胜它。

　　想要成为精英健身者，你就要通过训练来面对这种对抗，并且要有仿佛成败在此一举的意识。当你做出这种决定时，你会发现自己拥有不可思议的能量和能力。在从事执法行业和在军队服役时，我时刻面对着这种对抗。但是这种对抗也可以理解为你向任何伟大目标前进路上的考验和磨难。

　　2. 与"运动员之心"相关联的积极的能量。

　　"运动员之心"是关键，试着去以一个专业运动员的心态面对训练和生活。即使每天你只有（甚至不到）1小时投入身体、心理和精神训练，也请用一名奥运会运动员的能量和注意力去完成训练。全心投入训练，关注你为训练做出的每一分努力，这样你的收获将会令你吃惊。

　　训练是为了发挥你身体和运动的全部潜能，因此首先要建立坚实的运动基础。作为第一反应人员，我需要这样一种健身训练，它能够让我在特定的日期和特定的时间为任何事情做好准备。拥有坚实的运动基础就能实现这些。

如果你是为生活而训练的，拥有运动基础也应该是你的目标。医学博士皮特·阿蒂亚是长寿和营养方面的专家，他认为我们首先是为了生活而接受训练的。把生活看作是你要做的运动——尽可能做好父母，尽可能完成好你的工作，在古稀和耄耋之年仍能完全独立活动和生活，这些才是真正的目标。

如果你要参加特定的运动项目，如进行马拉松比赛或者在足球联盟踢足球，这时运动表现对你来说最为重要，那么运动基础也是关键。的确，如果你想在一项特定的运动中发挥潜能，那么针对特定运动的训练必不可少，但也确实可以首先通过建立自己的运动基础而走得更远。

当然，坚实的基础不仅仅是身体基础。无论你是运动员、学生、专业人士、第一反应人员、妻子或丈夫、父母，或任何最能代表你的组合身份，想要全部显现你的潜能，都要求你不仅要努力训练身体，还要训练心理和精神。在本章中，我们将重点讲解身体训练，本书后面几章还将剖析心理和精神训练的各个层面。

21 天交叉训练精英健身计划

我所创建的 21 天交叉训练精英健身计划，旨在让你的训练更简单、更持久、更高效、更有趣！

对大部分人来说，每天的时间有限且宝贵。在军队服役和从事执法工作的人根本没有 8 小时工作制，而从事如医生、教师、高管等职业的人，还有作为父母的人也都是这样。已经有无数需要你承担责任的事占用着你的时间和精力，因此你或许也需要一个高效的训练计划，一个容易融入你日常生活的计划。

由于这个计划由高强度的练习组合而成，每组练习的时长是 8 ~ 20 分钟不等，所以每天仅占用不到 30 分钟的时间。请相信我，8 分钟的高强度锻炼远比在健身房中待 1 小时，四处闲逛做几组仰卧推举要高效得多。用这样的方法锻炼，你能够为你的日常生活释放更多的时间和精力。坚持几周，你就能发现自己的改变。

交叉训练精英健身很好地利用了健身房的基础器材。多年来，健身领域倾向于依赖如诺德士（Nautilus）和赛百斯（Cybex）的价格昂贵的负重器械。这些器械旨在单独训练某一肌肉群。在这个设计理念指导下的技术变得越来越复杂，其产生的带有内置计算机的电动阻力器械也越来越昂贵。

我见过并尝试过很多健身训练，因此我可以非常有信心地说：基础器材能够产生更好的效果。引体向上杆或体操吊环远比昂贵的夹胸器更有效果。是的，你没有理解错：操场上的单杠比传统健身房中紧密摆放的器械更加有价值。许多基本的体操动作只需要运用体重所带来的阻力，就可以使你练成非凡的身体状态。因此，不要小看这些练习的作用。

21天交叉训练精英健身计划中也包含经典的举重动作，例如仰卧推举、蹲举和火箭推。这个健身计划是由实用性动作组合而成的，既包括自重训练，也包括那些在高强度下对抗巨大阻力的运动。这些都将帮助你成为一个精英健身者。

健身器材

想要开始执行交叉训练精英健身计划，你需要准备良好的基础训练器材。如果条件允许，你可以打造一个家庭健身房。你可以考虑购买二手器材，这样能省一大笔钱。有点磨损的、约20千克的杠铃片和新的一样好用，但是价格要便宜很多。以下是你需要的器材。

杠铃杆。男性应该使用约20千克的杠铃杆，而女性应该使用约15千克的杠铃杆，注意采用合适的抓杠距离。

杠铃片。市面上有各种不同重量的杠铃片可供选择，你可以先购买少量的杠铃片，随着力量的增强，再购买更多。如果预算比较紧张，可以使用哑铃代替杠铃或者壶铃。

药球。初学者使用约4.5千克重的药球比较好，从4.5千克开始练习，逐渐增加至约 6.8 千克、约 9 千克。

跳箱。女性应该先使用约 40 厘米高的箱子，然后进阶至约 50 厘米高的箱子。男性应该先使用约 50 厘米高的箱子，然后进阶至约 60 厘米高的箱子。

体操吊环。吊环是最为通用的健身器材之一。你可以将吊环绑在树枝上做引体向上、吊环臂屈伸和吊环反式划船，这些动作可以帮助你逐步学会高阶动作，如双力臂。

引体向上杆。通常，健身房都会有一个能够帮助你完成引体向上的健身器材。如果你想花钱打造一个车库健身房，可以在网上购买天花板吊架或壁挂架，或者你可以在门框上安装一个引体向上杆。另外，你也可以发挥创意，在操场或室外健身区域找到可以做引体向上的单杠。

壶铃。男性初学者最好使用约 16 千克重的壶铃，女性应该从约 11 千克重的壶铃开始练习。在理想情况下，你最好拥有从约 11 千克到约 24 千克重的壶铃。

跳绳。你可以在五金店找到长度合适的绳子进行练习，也可以从运动商品店里选择各式各样的跳绳。

深蹲架。深蹲架值得拥有，比较昂贵的深蹲架甚至带有内置的引体向上杆。你可以购买价格相对较低的基本款深蹲架。但是更高质量的深蹲架也值得购买。如果不想买新的，我建议你购买二手设备，因为二手设备上的划痕并不影响其带来的健身效果。

划船机。Concept2 划船机已经成为健身行业的标准。这款健身器材重量轻，易于放置，而且功能强大。

如果不具备打造家庭健身房的条件，那就发挥你的想象力！比如，你可以在车里开辟一个移动健身房，将吊环、哑铃、壶铃、跳绳和药球打包装车，找个合适的公园进行健身。我了解到，有几个运动员采用的就是这种方式，他们整个星期都会驱车到不同的户外地点进行健身。在位于圣克鲁斯县的健身房，我有辆核载 12 人的面包车，里面装满了器材，我会带着学员去沙滩或者山上健身。当你打开眼界之后，全世界都可以是你的健身房。

如果你能在健身房同时接触到可随意使用的重量器材和引体向上杆，那么你就可以开始锻炼了。可能偶尔你也需要创新一下才能健身。例如，如果一种训练包含跑步、火箭推和引体向上，那么你可能需要想清楚在哪里你可以使用杠铃或者哑铃来做火箭推，同时旁边还有引体向上杆，这样你就可以防止其他人在你训练期间占用了其中一种器材。如果你无法在室外或在跑步机上跑步，则可以进行类似的运动，例如划船或像徒手深蹲一样简单的动作。

大多数健身训练达不到要求的原因是没有提供教练所给予的精确且个性化的指导，而我的任务是给你一系列工具，让你迅速达到高度优化的健康状态。这些工具能让你根据目前的健康状况制订 21 天的个性化健身计划。

打造车库健身房的十大攻略

1 隐藏或者搬走健身用不到的东西。

2 购买并安装橡胶地板。这么做很重要,因为这既能够打造健身房专业而成熟的外观,还能够延长健身器材的使用寿命。

3 在墙壁上放置一些具有激励作用的物件。挂上你参赛获得的奖牌、比赛照片、海报——任何能够启发你的东西都可以。

4 建造一个小型图书馆。在这里放置一些具有教育和启发作用的书籍,并经常浏览这些书。

5 安装一个白板。这是每个健身房必不可少的一部分,可以用它来记录锻炼次数、进度和图解动作技巧,也可以在上面写一些有趣的话语。

6 以身作则。在公共场所锻炼;在街道上跑步;邀请你的邻居来喝咖啡,教他们怎么做深蹲动作。

7 保持干净整洁。由于家庭健身房空间的局限性,应将每样东西放在固定的位置。保持健身房整洁如新,这能够反映你是否注重细节。

8 把"车库"称为"健身房"。用词也很重要。你应该把你的健身地点看作是真正的健身房,而不是一间车库。

9 健身器材的质量大于数量。投资购买安全且耐用的设备。

10 为自己和一起训练的朋友营造一种健身房归属感。让别人在你的健身房有宾至如归的感觉。

改编自格雷格·阿蒙森发表于《交叉健身运动月刊》的文章《车库健身房 101》。

练习精湛的技能

要想成功，那么每次锻炼都必须着重做到以下 3 点。

1 好技巧。学会如何正确地完成动作不可能一蹴而就，而是要靠经常练习和不断完善。技巧中也包含对关节活动度的要求，由此可以引出下一点——强度。

2 高强度。运用良好技巧的同时，保持较高的强度和努力水平将使你获得回报。每次训练都应将时间作为关键组成部分。你要么在既定的时间内完成尽可能多的训练，要么在最短的时间内完成一种训练。时间这一元素在交叉训练精英健身计划中至关重要。

3 坚持不懈。合理安排锻炼的时间，避免被其他事物干扰。对于许多人来说，清晨是很好的时间，这时其他人还在沉睡，而且没有被其他事情占用。就在这时锻炼吧！这是开始新的一天的好方法。如果你无法在清晨锻炼，请保证每天在特定的时间进行锻炼。

坚持不懈且高强度地运用正确的技巧来锻炼功能性动作，这是长期、稳定进步的秘诀。

我在位于加利福尼亚州圣克鲁斯县的"阿蒙森交叉训练馆"门外示范负重引体向上动作——正确的技巧是关键！

极限测试

极限测试针对一种训练和一个计时模式，是获取健康状况实时信息的一种方式，以便你记录总体进度，并获取当天的最佳锻炼量和强度。

阈值训练

许多准备锻炼的人都有一个问题：不清楚应该做多少训练和训练的难度。交叉训练精英健身计划中的阈值训练旨在消除你的疑惑，回答你的问题。在进行主要训练之前先进行简短测试，可以让你确切地知道每次训练的强度（重复次数或举重的重量）。

极限测试可以帮助你了解在 1 分钟内对于某个特定动作你可以重复的次数。每次测试包含 2 个或 3 个动作。

为解释清楚，我们先来看一个基本的极限测试：双摇跳绳和壶铃甩摆。你将对每个动作进行 1 分钟测试，以获取有关你的身体素质和技能的准确数据。

首先，计算一下你在 1 分钟内能进行双摇跳绳的次数。在计时开始后、1 分钟结束前，你要尽可能多地进行双摇跳绳。初学者可以进行传统的单摇跳绳。

在日记本或者白板上记录总共重复的次数。然后休息 1 分钟，恢复体力。

接下来，看看你在 1 分钟内能做多少次壶铃甩摆，记录完成的次数。休息 1 分钟，恢复体力。

下一步呢？

接下来再休息 1 分钟，花 2 分钟决定在主要训练中你所使用的阈值百分比。在 21 天交叉训练精英健身计划的初始阶段，你将按照 1 分钟测试中所达到的最高成绩的 30% ~ 40%进行训练。

例如，你在极限测试中做了 100 次双摇跳绳和 30 次壶铃甩摆。这两个数字分别乘以 40%，你会得到以下数据。

40 次双摇跳绳
12 次壶铃甩摆

按照这个数据，在当天完成 7 轮训练，总共是 14 分钟。在第 1 分钟内，你做 40 次双摇跳绳。完成后进行休息直至第 2 分钟开始，然后进行新的一组训练即 12 次壶铃甩摆。做完 12 次壶铃甩摆之后，放下壶铃，拿起绳子，等到第 3 分钟开始后再做下一组双摇跳绳。

每个单数分钟内做双摇跳绳，每个双数分钟内做壶铃甩摆。因此，14 分钟的训练安排如下。

> 每 1 分钟计时（Every Minute on the Minute，EMOM）模式，14 分钟，每组动作做 7 轮
>
> 单数分钟 =40% 双摇跳绳阈值
>
> 双数分钟 =40% 壶铃甩摆阈值

单次最大值（1-Rep Max,1RM）测试

对于训练中专门的力量训练部分，你需要找到对于不同动作单次能够完成的最大重量。所以，如果训练计划指导你要"找到自己单次硬拉能使用的最大重量"，你应以安全、可控且熟练的方式，在既定的动作中，朝着能够举起的最大重量努力。

了解了自己在某个重量运动中一次能举起的最大重量是多少后，你将使用最大重量的特定百分比来更多次地重复完成该动作。

以火箭推为例。在 21 天交叉训练精英健身计划的第 3 天，你首先要清楚做火箭推时能够举起的单次最大重量是多少，然后再开始锻炼。此测试结束后，你会看到下面这个数字。

> 5 个火箭推（60% 单次最大值）

如果做火箭推时单次举起的最大重量约为 45 千克，那么在 21 天交叉训练精英健身计划的第 3 天，你需要在锻炼中完成 5 次约 27 千克重量的火箭推。

进阶

在 1 周内，训练计划都会逐渐增加百分比，让你更接近阈值。这样做会增强你的适应能力。极限测试和单次最大值测试让训练更加灵活。随着力量和身体素质的提高，重复次数和举重重量会逐渐增加。

正如所提到的，这些训练计划包含基准训练、专门的力量训练和创新型健身项目。

你可以按照后文的计划表进行训练，当然也可以将其作为模板设计自己的训练计划。通过训练有所进步后，你可以增加一些新的动作，凭着直觉，发挥想象力；或者进行下一阶段的练习，从初级到中级再到高级。最重要的是，把它当作一次探险。你在训练中注入的精力和乐趣越多，你从中得到的收获就越大（你也更有可能坚持下去）。

第5章

户外运动

我希望你能够避免的一个思维惯性是，只在健身房里训练。因此，我在设计交叉训练精英健身计划时也会避免这样，在 21 天的计划里，有一种训练叫作"创新型健身项目"。

户外运动对健康有着数不胜数的益处，而其中最重要的益处应该是充足的日照。很多美国人维生素 D 摄入严重不足，而维生素 D 也被称为阳光维生素。据报道，约 3/4 的美国人缺乏这种营养素。科学家们发现心脏疾病和癌症的患病风险与缺乏阳光维生素有关，也发现维生素 D 摄入不足与骨密度下降和佝偻症有关。

户外运动时可以选择后院、沙滩或者公园作为运动场地，这在无形之中对精神和心理健康有很大益处。只窝在健身房里训练，对你来说可能很有压力，而户外运动就比较好玩。呼吸着新鲜的空气，感受着明媚的阳光，在不同的户外场景下训练，这些都有助于心理健康，以及增强精神的力量。骑自行车，远足，游泳，找个地方做自重类训练，轮滑、冲浪、滑雪，玩桨叶式冲浪板，或者去市中心转转。

在我自己的健身房里，我提倡并引导学员做的活动是爬山坡、爬楼梯或在不同的地形如沙地、泥土、草地和小路上跑步。许多基础的身体技能如准确性、协调性、敏捷性和平和性，在户外活动中能够得到更好的锻炼，因为与平坦且一致的橡胶运动地板相比，户外活动会在多变的地面上进行。越野跑的过程中包含对膝盖、脚踝和脚进行的数百次微矫正，并且需要更好的视觉和对周围环境的感知能力。虽然这种运动精确性可以应用于你在健身房的训练中，但是你却无法在健身房中学到。

某些我喜爱的训练可以轻松地在室外进行。例如，你可以在操场上使用单杠、台阶和长椅完成各种各样的推动、拉动、打开、关闭型动作。这些都有很大的益处，能够激活你不曾意识到的各种身体和肌肉的运动模式。

呼吸着新鲜的空气，感受着明媚的阳光，在不同的户外场景下训练，这些都有助于心理健康，以及增强精神的力量。

改变常规训练是促进体能获益的有效方法。这不仅仅是改变锻炼方式，更是探索和体验所有可变的情况。不同水平的温度、海拔、地形和一天中不同的时间，能够带来环境的多变性并保持身体和思想处于发展之中。毫无疑问，在太阳底下、土壤之上进行锻炼，其精神影响是深远的。

当你跳出思维定式时，你可以充分发挥自己的想象力，你可以从以下这些我比较喜欢的运动开始。

创新型自重训练

交叉训练精英健身计划能够为你提供一个理念框架，让你在设计自己的训练计划时加入自己独特的观点、想象和直觉。虽然下面的训练是我比较喜欢的，但我还是鼓励你做自己觉得适用的训练，并在必要时做出调整。在这些训练中，我也列出了我的个人最佳成绩，以供你进行挑战，加油！

楼梯冲刺

从楼梯最低处开始，冲刺到第 1 个楼梯平台。在第 1 个楼梯平台掉头后冲刺回到出发位置。不要停下来，重新跑步上到第 2 个楼梯平台，然后向下快速跑回出发位置。以此类推，直到你抵达楼梯的最高处。做这个训练时，我最喜欢的地点之一就是加利福尼亚州阿普托斯的海崖国家海滩，从下至上，总共有 6 个楼梯平台。需要注意的是，最好在有多个平台的楼梯上进行训练，但如果你只能找到陡峭的山坡，你同样也可以进行训练：只需要用锥形路标和标记代表楼梯的平台即可。这是一个很有难度的训练。开始时你可以只进行一轮训练，随着体能逐渐提高，你可以增加几轮训练。

疯狂的伯吉纳尔

计时做 150 次波比跳

这个训练以著名的奥运会举重教练迈克·伯吉纳尔的名字命名。这个训练可以在任何地点完成——公园就是个很好的地点。首先，你可以先设定 10 分钟完成 50 次波比跳的目标。稳定地完成这个目标后，将目标增加至 10 分钟完成 80 次或者 100 次。高阶运动员可以争取在 10 分钟内完成 150 次波比跳，但要确保遵守波比跳动作的要点。

超级太阳

　　3 轮计时

　　50 次深蹲

　　400 米跑步

　　30 次俯卧撑

　　第 1 轮结束后，注意你这一轮所用的时间（也就是你完成第 1 轮所用的时间）。剩下两轮的完成时间保持在比第 1 轮所用时间多 30 秒的时间以内。在沙滩上进行这项训练会非常有价值。另外，我对这个训练的动作做了调整，也可以采用海域游泳的方式代替跑步：直接扎入大海里游泳，每次右手划水时为一次动作，重复 40 次动作后，就可以掉头向岸边游去。我在细沙滩上完成这个训练的最好成绩是 8 分 57 秒。

随时随地训练

　　4 轮计时

　　400 米跑步

　　50 次深蹲

　　这曾经是格拉斯曼教练最喜欢的户外训练之一，我们曾经在沙地、草地等不同的户外地面上练习过。更高的难度是在山坡上进行这个训练，上坡跑、下坡跑、坡下深蹲。我的最好成绩是 9 分 17 秒。

折返跑

　　每 1 分钟计时模式，每分钟增加 10 米的距离

　　第 1 分钟为 10 米冲刺折返跑

　　第 2 分钟为 20 米冲刺折返跑，以此类推

　　在沙地上进行这个训练会更具挑战性。最好在路线上每 10 米标记

一次，因为在理想情况下，你需要在每次冲刺跑结束时改变方向。我建议你抵达后，在路标或 10 米标记线外，一只手触地。我定期与终极格斗冠军赛（Ultimate Fighting Championship，UFC）传奇人物格雷·梅纳德在加利福尼亚州圣克鲁斯县的快乐之巅海滩进行这项训练，我们的目标是完成 7 轮训练。真正的挑战是：当你在某个 1 分钟内无法完成应跑的距离时，休息 1 分钟，然后从上一个 1 分钟的折返跑距离开始练习，按照相反的顺序，最后回到 1 分钟 10 米的冲刺折返跑阶段。

Tabata 深蹲极限

Tabata 深蹲练习以 20 秒深蹲和 10 秒休息为一组，共需完成 8 组练习。在这之后，休息 10 秒，然后马上在 4 分钟内尽可能多地完成引体向上（或者俯卧撑、脚趾触杠等其他动作）。你的得分是 Tabata 深蹲中次数最少组的次数乘以 4 分钟内所做的引体向上（或者俯卧撑、脚趾触杠等其他动作）的次数。例如，如果你做的是 Tabata 深蹲和俯卧撑的组合，在第 3 组深蹲中你做了 10 次深蹲，而在其他组中你都做了 11 次深蹲，那么就应该用 10（深蹲次数最少组的次数）乘以所做的俯卧撑的次数（假如是 100），所以，你的得分是 10×100，即 1000。在日志上记下这个数字。选择记录 Tabata 深蹲次数最少的组，能够让你在每组训练中都保持连续性。Tabata 是以日本著名科学家田畑泉（Izumi Tabata）博士的名字命名的，Tabata 训练法对增强体力和耐力非常有效。

400 米箭步深蹲走

使用锥形路标或其他物品标记 400 米的距离，然后采用箭步深蹲动作计时走 400 米（参见箭步深蹲增加难度的方法）。这个训练能够同时训练你的身体和心理。一开始你可能会觉得好像做了很多运动，却还是没有进步！

自然力量

　　按照 10 次、9 次、8 次（直到 1 次）的顺序做以下动作

　　交替单腿深蹲（手枪式深蹲）

　　交替单手俯卧撑

　　休息 2 分钟

　　2 分钟内尽可能多地做深蹲动作（双腿着地）

　　2 分钟内尽可能多地做俯卧撑（双手撑地）

　　这组训练在开始时能够非常好地锻炼力量，到后期能够提高体力和耐力。

　　以上就是可供你选择的一些高强度训练方法。其中，每种训练都可以根据你当前的健身水平增加或降低难度。如果你想更简单一些，只需要穿上跑步鞋，在小路上跑 1 小时，或者骑上山地自行车去探索大自然，或者学习一项你一直想尝试的新运动即可。所有这些户外运动都能够产生奇效，给你带来令人振奋且充满能量的训练体验。

进行体育运动

　　你是否曾经想学习冲浪，进行一场马拉松赛跑或超级马拉松跑，或者参加足球联赛？你是否觉得是你的训练计划阻碍了这些运动的进行？正好相反，交叉训练精英健身计划其实是你为了实现运动梦想而迈出的很好的第一步。

　　目前有很多为期 12 周的训练课程，这些课程大肆宣传能够保证你从沙发上起来，站在马拉松比赛或铁人三项比赛的起跑线上。但其存在的问题是，如果缺乏良好的健身基础和强大的身体技能，以及如何有效运动的知识，你会在训练时感到非常吃力。与此同时，你在遇到多次重复性运动时，如果缺乏对有效运动的了解，很可能会损害你的关节和身体。

　　交叉训练精英健身计划能够锻炼多种通用性运动技能：心血管或呼吸耐力、持久力、力量、柔韧性、爆发力、速度、协调性、敏捷性、

在加利福尼亚州阿普托斯的树林里进行 5000 米赛跑，户外跑步能够带来我所喜爱的精神状态。

平衡性和准确性等。这些将共同奠定非常强大的运动基础，从而使你可以更轻松地学习一项新运动，并且让你减少急性或慢性伤害风险，更加享受这项运动。

反过来，进行一项新运动也会给你健身目标的实现带来不可思议的助力。新的运动项目也会带来新的目标，会让你的训练充满能量，并且随着你所学的内容反馈到你增强的能力中，新的运动会对常规技能进行更好的细微调整并将其运用到身体和心理上。

我经过惨痛的教训才明白这些道理。

2009 年，在参加交叉训练比赛时，我遭遇了"滑铁卢"。8 年来，我坚持不懈地训练，并且每年都在持续进步。我还将自己的训练运用到工作中的各个角色中，包括在陆军服役和配合圣克鲁斯县治安官办公室担任特种部队队员。我认为自己已经为未知的世界做好了充分的准备。我甚至获得了"首位精英健身者"之称。考虑到这些，我觉得获得参加交叉训练比赛的资格肯定不在话下。

但是，在为未知的事物做准备的过程中，现实总是残酷的。这个过程随时准备着让你接受考验，并帮助你弥补训练中的不足。它会让你保持谦虚。

2009 年，我也经受了考验。

即使我在健身房已经练习得很好了，我拥有足够的爆发力、持久力和各种技能，但我还是有一个致命的弱点：双摇跳绳。我不喜欢跳双摇，而且因为它容易影响我的判断，所以我没怎么练习过，也没掌握双摇的技巧。这是一个代价极大的错误。2009 年，获得交叉训练比赛资格的前提是完成硬拉动作（这个技能我肯定没问题）和双摇跳绳。双摇指的是每次跳跃时绳子在脚下穿过两次，双摇跳绳的动作特征会增加心血管需求并磨炼一系列技能。

我直接告诉你我惨痛的结局：不管我怎么全力以赴，我仍然无法优秀地完成双摇跳绳，我没达标。作为交叉训练的早期领导者之一，这的确令我难堪。

我可以将我无法直接完成这一技能的原因直接关联到自我冲突。自我意识常常引导我们选择自己喜欢且擅长的训练，并竭力主张我们避免自己没有信心做好的运动。

双摇跳绳已经成为交叉训练中的一项常规技能，在这项技能上我马失前蹄，这为我带来了有效而宝贵的教训。

当年，在没有获得参加比赛的资格后，我将双摇跳绳重新写在了白板上，从此我开始努力提高这项技能。在短短的几周内，我已经熟练掌握了这项技能。其实只要有强烈的意愿、持续不断的着重练习以及对学习这项技能的痴迷，你就很可能会成功。

不过在这里，这个故事也发生了意想不到的巨大变化。因为我弥补了个人基础能力中的一个不足之处，这里具体指我在双摇跳绳动作中磨炼了协调能力和准确性，所以这项训练所带来的改变遍及我的各项运动能力。确实，我的运动基础整体都取得了较大的进步，同时我在纯运动领域之外的技能也得到了提升。

例如，我注意到，我的射击技能得到了很大的提升。我已经在执法部门工作了近 10 年，突然之间，我的射击能力提高了，武器操作能力也提高了，这都是因为双摇跳绳训练提高了我的准确性和协调能力。我亲身体会到，要求协调性、准确性、敏捷性和平衡性的技能得到提高后，全身心都会从中获益，从而让任何其他需要同样能力的技能也得到了提升。

双摇跳绳能力的提高，也提升了我在增强式跳箱动作中的速度和技能，从箱子上跳下来后，我能够以更快的速度跳回箱子上。

换句话说，一种技能的增强能够对身体的整个系统产生影响，这种影响不仅表现在健身房的训练动作中，也表现在除这以外的其他动作中。

在体育运动方面，你将得到切实的回报。因为你花时间通过本书中概述的训练来掌握这些通用的运动技能后，在学习新的运动项目时也会具有很大的优势。这些通用技能以独特的方式固定在每一项运动中，因此你会发现自己很快就能学会其他运动项目。

这是保持长久的关键之一：让事情变得有趣。同样，这也是功能性健身综合训练具有吸引力的一方面。你可以将其成果用于各种运动的欢乐时光。

锦上添花的是，通过学习新的运动，你可以在身体的整个系统中打开新的技能维度。新运动带来的细微改变将帮助你在健身房中备受欢迎。它甚至可以帮助你掌握双摇技能！

多年前，我的训练伙伴之一是一位了不起的运动员，也是我见过的唯一能做到完美的单臂引体向上动作的人。他是如何掌握这项难得的技能的呢？答案居然是通过登山运动！

团队运动、个人运动、户外活动、室内活动——从赛跑到长达一个月的海上皮划艇之旅的任何一项运动，找到一项吸引你的运动，投入你的热情，开始练习吧！

第6章

营养的重要性

如果你有严重的超重问题，并来到我这里寻求指导，你可能会对我的解决方案感到意外。我不会和你讨论怎么锻炼，或者告诉你去做极限阈值训练或交叉训练。不管怎样，至少开始的时候不会。我首先会告诉你什么呢？营养。事实上，我可能会鼓励你，除了和我们一起在沙滩或小径徒步外，在一个月甚至是几个月内，要将全部的注意力放在营养上。

说到人的身体组成，营养是最重要的事。锻炼和运动当然非常重要，但通过控制营养摄入来改变你新陈代谢的机制，能够刺激你的身体脂肪等级产生质变，从而帮助你达到减脂的目标。

与此同时，身材良好的人也不应该轻视营养。营养不良会影响运动表现和身体恢复的能力，甚至增加患慢性病的风险。16 年前我就验证过这个观点的正确性，而且目前也很适合我。

在过去的 10 年中，人们对营养、身体组成和身体表现的作用的理解发生了巨大变化。人们长期持有的食物只是能量进出交换的观念，已经被更细微的理解所取代。

令人欣慰的是，食物与锻炼在提高身体机能、保持健康和长寿、燃烧身体脂肪、增加精瘦肌肉组织方面发挥着同等的作用，而且食物甚至可能更有用。我们选择吃的食物以及食物的分量，对我们的新陈代谢和激素调节具有重要作用。

这对你来说意味着什么？这意味着达到最佳身体状态的快速通道是将健身训练与智慧的营养法相匹配。

这不仅仅是条快速通道，而且是一条超高速通道。

这条通道并不一定很复杂。你只需要注意每顿饭或者每次吃的零食的蛋白质、碳水化合物和脂肪之间的比例。选择天然食物而不是加工食品，你就能够享受以下好处。

多余的身体脂肪将成为你身体主要的能量来源。运动将会促进这一过程，但饮食是人体组成的主要驱动因素。

你的能量水平将提高并保持稳定。如果你之前的饮食中含有大量的碳水化合物（例如面食、谷物和面包），那么改变饮食后，你会在第1周（甚至前几天）注意到这种变化。之前在下午可能出现的低能量晕倒的情况将会消失。

你能够控制饥饿感。重新配置你的饮食，加入适量的健康脂肪和蛋白质，这能减轻体内血糖和胰岛素的紊乱。其结果是，你将不再受到饥饿的控制。

你在锻炼时的能量、耐力和体力将会激增。用侧重于天然食物的均衡且智慧的饮食法代替高碳水化合物的饮食，身体能量机器将得到翻新和改进。身体的能量产出机制和细胞酶在燃烧身体积聚脂肪方面会变得更有效。你在锻炼中会立即得到以下好处：身体拥有更多能量，肌肉耐力更强，心血管耐力更好。

我所说的饮食法是"区域饮食"，这是由巴里·西尔斯博士在20世纪90年代制定的。西尔斯最初是一名在美国麻省理工学院学习过的癌症药物研究人员，因为他的父亲和叔叔因心脏病早逝，所以他知道自己患有遗传性心脏病。西尔斯意识到，就我们最佳的基因表现和基因压制而言，最强大的药物不是医学制药，而是食物。食物既能成就我们，也能毁灭我们。从20世纪90年代开始，他与奥运会游泳运动员一起工作，取得了很明显的效果：以激素调节的最佳平衡点为中心的饮食有助于获得最佳的运动表现和身体素质。

我在本章中的目标是向你介绍饮食的基础知识，并向你介绍一些我曾经成功运用饮食法的简单技巧。此外，我强烈建议你阅读西尔斯博士的书，从而深入了解食物以某种方式影响我们的激素水平的原因。

根据我作为教师和教练的经验，要坚持运用某种饮食法最重要的任务是建立框架和日常规律，这样更容易执行下去。你是否曾经购买过饮食方面的书，并在看到为了运用其方法必须要进行的各种各样的思考、采购和烹饪后而感到不知所措？对我来说，在执法部门、特种部队和军队的工作时间很长，需要经常轮班，因此有必要让"区域饮食"易于实行和遵循。我必须快速而简单地做出食物，而且食物也必须很好吃。

首先，我向你介绍我对"区域饮食"和西尔斯博士的饮食计划的核心——"块"系统的最初体验。虽然我建议你最终应该采用更精确的方法，但在本章中我还是会详细介绍开始运用这个充满能量的饮食法的最简单方法。这个由西尔斯发明的饮食法不需要你做额外的功课或称量食物来准备饭菜，这是一个既简单又有效的饮食方法。

我的"区域饮食"初体验

我第一次听说饮食法对提高运动表现的价值，是在 2002 年，我当时正在参加格拉斯曼教练的训练。正如我之前提到的，我对这些训练持有的心态是好像我的生死取决于此。如果我在某个训练中失误，这可能意味着如果工作中发生意外时我也会出现失误。而执法部门的工作有着高度的不可预测性，当你与绝望的、醉酒的或吸毒的嫌疑人打交道时，这种不可预测性（未知）会升级。因此，当我担任圣克鲁斯县治安官办公室的副治安官时，我的信念是：我必须在健身中获胜。我将在健身中获胜等同于赢得生命中的战斗。

在健身房中，我是早上 6 点开始训练的那一队中的一员，教练称我们是"6 队"。我们之间的竞争很激烈，我在太多的训练中输了。我去找教练，想问他怎么样才能快速提高。

当时，他跟我讲了很多关于营养的建议。我想起教练曾给"6 队"上过一堂课，他提出自己的观点：训练出超级运动员的最理想的方法是派运动员去岛上封闭 6 个月，让他们仅仅通过饮食重塑新陈代谢。

在那座岛上，你会远离各种各样的软饮料、加工食品和垃圾食品。你会食用分量适中的天然食物，这样能确保这些食物具有抗发炎性（就激素调节和健康而言是最佳的）。经过 6 个月的重新调整，这些运动员将拥有一个全新的身体基础。然后，通过正确的身体训练和运动，新的身体基础下的新陈代谢和激素水平能够得到更好的改善。

即使我没办法踏上这座荒岛，我也想抓住这个机会去实施作用强大的饮食法。我得到了西尔斯撰写的营养宝典《区域饮食》，其中详细介绍了后来流行的（且有争议的）40∶30∶30 饮食法的内在运作方式。

40∶30∶30 饮食法参考了西尔斯提出的宏观营养摄入比例。其意思是，你摄入的能量中，应有 40% 来自碳水化合物、30% 来自蛋白质、30% 来自脂肪。20 世纪 90 年代中期，西尔斯的这本书出版时，其理念与当时提倡的饮食法完全相悖。当时大部分人认为最健康的饮食方法是 70% 来自碳水化合物，脂肪和蛋白质均衡摄入。

根据西尔斯和格拉斯曼教练所说的，如果我想通过饮食法保持健康、提高运动表现，我需要更深入地了解什么是食物。严格来说，食物是一种燃料来源吗？在这个过程中，你摄入能量之后再燃烧掉？如果没有充分地燃烧，你就会变胖吗？或者还是像西尔斯所坚持的观点那样，我们是否应该认识到，食物对我们的激素（例如胰岛素、人类生长激素和睾丸素）水平有影响？

如果我们从食物对人体复杂而强大的内分泌系统的影响的角度来看待它，那么不仅是我们所吃的食物的分量影响着我们的健康、精力和运动表现，我们吃什么以及饮食时间也同样重要。高碳水化合物的饮食方法有可能导致胰岛素反应进入不健康的区间。高碳水化合物的摄入也会减弱人们将体内积聚的脂肪作为现成的燃料来源的能力。因此，当你将饮食方法转变为西尔斯建议的宏观营养摄入比例时，你的身体会提供更平衡的激素反应。这就是对你的奖励。这意味着整个身体的炎症减轻，肌肉质量更高，体内脂肪能更快速地燃烧。

这些听起来很简单。但是，我发现任何时候提及"区域饮食"的方法时，都会引起人们强烈的情绪反应。有一种假设认为这种饮食法是激进的——它是一种超高蛋白饮食法，这是健美运动员可能会使用的饮食法。

实际上，事实并非如此。西尔斯会告诉你："这就是你祖母的日常饮食。"这个饮食法在有益蔬菜、适量蛋白质和健康脂肪之间达到平衡。我记得格拉斯曼教练曾提到，他在给他的运动员运用"区域饮食"方法时，如何遭到医生的反对。当时医生们都吓坏了。然后，教练改变了说法，说他所提倡的典型的晚餐应该包含 110 ~ 140 克的鸡胸肉和健康的芦笋，也许还会洒上点橄榄油或一汤匙切碎的杏仁。医生听到这些话后说道："是的！这确实不错。这才是人们应该吃的东西。"当然，教练后面所描述的只是"区域饮食"餐的一个示例而已。

这些想法当然引起了我的兴趣，从多个方面拓宽了我的眼界。如果教练认为"区域饮食"方法是真实而有效的，那么我相信他。毕竟我在跟随教练使用功能性动作进行高强度训练中获得了显而易见的效果，这足以证明他的话具有较高的可信度。"告诉我该怎么办。"我对格拉斯曼教练说。

我非常感谢能够得到一个可以马上开始实施的为期 5 天的"区域饮食"用餐计划。

我买了个秤，开始称重并测量我的餐食，以使其基本符合 40：30 ：30 摄入比例的要求。本质上，可以归结为遵循以下原则。

1. 每餐的关键是在碳水化合物、蛋白质和脂肪之间基本达到 40：30 ：30 的比例。

2. 计算出你每天所需的蛋白质总量，这意味着要计算出你的精瘦肌肉量以及每天的身体运动总量。

3. 把每天计划摄取的蛋白质分配到三餐和两到三次的零食中。

4. 在每顿正餐或每次零食中，使用 40：30 ：30 的比例选择含有足量的碳水化合物和脂肪的食物制作一盘营养均衡的餐食。

5. 寻找如三文鱼、鸡肉和瘦牛肉等蛋白质来源，并尽量减少饱和脂肪酸含量高的肉类的摄入量。

6. 从色彩缤纷的蔬菜和低糖水果（如莓类水果）的搭配中获取大部分碳水化合物。

7. 寻找单一不饱和脂肪酸，例如橄榄油、牛油果和夏威夷果。

在开始实施这个为期 5 天的计划之前，我的标准饮食中的蛋白质含量高，单一不饱和脂肪酸很少，而且包含大量的意大利面。采用"区域饮食"方法之后，我的饮食发生了巨大改变。我的蛋白质摄入量和碳水化合物的摄入量都大幅降低了。在用餐时间方面，我遵循严格的时间结构用餐。我绝对不会允许自己在 5 小时之内没有吃正餐或零食，而且餐食基本按照 40：30 ：30 比例配置。

"区域饮食"方法中，分量控制至关重要，每顿餐的分量应该适中。摄入一定量的脂肪后，有一点好处是脂肪和蛋白质的消耗可以缓解饥饿感。高碳水化合物、低脂肪的饮食方法的问题之一是，其产生的饱腹感是非常短暂的。例如，一大盘意大利面中含有的大量碳水化合物会被快速消化，因此会导致血糖升高（这就是某些食物被称为"高血糖"食物的原因）。碳水化合物会引发大量的胰岛素反应，导致身体积聚过多的血糖，而且奇怪的是，尽管已经进餐，但我仍然会在很短的时间内出现饥饿感。

在分量上，我每天根据自己的体重和运动水平分配给自己 22 块食物，即 5 顿 4 块食物的正餐和 1 次 2 块食物的零食。根据"区域饮食"方法，普通男性和女性每天分别需要 14 块和 11 块食物。一个 1.8 米高、约 84 千克重的男性应该需要 16 或 17 块食物。由于我的运动量较大且当时的体重较重（约 91 千克，但我脂肪含量少），我需要更多块食物。（在"区域饮食"方法中，蛋白质的需求取决于你拥有多少精瘦肌肉。精瘦肌肉组织越多，所需的蛋白质越多。运动量和运动强度也会增加所需蛋白质的数量。）

在"区域饮食"系统中，"块"是均衡食物的单元，由以下三个子块组成，这些子块的概念适用于任何年龄、拥有任何运动水平和身体组成的所有人。

蛋白质	约 7 克	例如，约 30 克鸡肉、火鸡肉或者沙丁鱼，约 55 克虾肉或 2 个鸡蛋的蛋白；不建议食用高脂肪肉类，如培根、香肠、热狗、五花肉和鸭肉，建议食用精瘦肉
碳水化合物	约 9 克	例如半个苹果、4 杯西蓝花、¼ 杯黑豆；不建议食用加工后的谷物，如面包或意大利面
脂肪	约 1.5 克	例如 3 颗橄榄、3 颗杏仁或者一小匙橄榄油

巴里·西尔斯曾与多个世界顶级运动员进行合作。如果一个运动员按照他的精瘦肌肉含量和身体活动标准进行"区域饮食"还感到饥饿，应该首先增加大量脂肪营养元素。以我为例，我马上在自己的"区域饮食"计划中将脂肪摄入量增加了一倍。

我要强调的一个重要细节是，西尔斯建议如果运动员的身体组成已经达到理想的肌肉含量程度，他们应该将脂肪摄入量增加一倍。我就是这样的：我的身体状态非常好，训练也非常刻苦。反之，如果我没有进行这么刻苦的训练，或者如果我还需要减掉多余的脂肪，那么我就不会将脂肪摄入量翻倍。在我描述我所做的事情时，请记住这一前提条件。在每顿饭中，我食用 24 颗杏仁，这是我用来提高脂肪摄入量的方法。

一个月以内，我使用精确的食物秤来测量和准备每餐，继续训练并在日志中记录锻炼结果，我很好奇会有什么变化。没过多久，我就开始取得非常大的收获。我开始在基准训练中提前 10 秒到 2 分钟的时间完成训练，并在力量输出和耐力方面也取得了巨大进步。另外，对于硬拉、蹲举和推举动作，我的最好成绩各增加了约 4.5 千克甚至更多。

此外，我发现自己更加健康了，认知能力也得到了改善。我的思维更加敏锐，并且我感觉到我的情绪更加稳定。鉴于我每天的工作充满压力，而这些积极的影响是无价的。

当然我也面临着一些挑战。可以说，我面临的挑战是任何坚持饮食方法的人都面临的挑战：将其融入日常的一天之中。因为工作中我经常需要巡逻，我必须想办法成功坚持下去。那么在工作日，我应如何按照"区域饮食"方法坚持吃 22 块食物呢？我很快找到了解决办法：提前做好饭，并将其装入保鲜盒里。

我的食谱如下。

早餐（第 1 餐），4 块制		
蛋白质	4 个炒鸡蛋	4 块蛋白质
碳水化合物	1⅓ 杯燕麦粥	⅓ 杯燕麦粥是 1 块碳水化合物
脂肪	24 颗杏仁	8 块脂肪（正常脂肪摄入量的 2 倍）

午餐（第 2 餐），4 块制		
蛋白质	1 杯农家干酪	¼ 杯为 1 块蛋白质，因此 1 杯等于 4 块蛋白质
碳水化合物	2 个苹果切成片放进农家干酪里	半个苹果是 1 块碳水化合物
脂肪	24 颗杏仁	8 块脂肪（正常脂肪摄入量的 2 倍）

第3餐，4块制		
蛋白质	约110克精瘦红肉，通常是切成薄片的侧腹牛排	4块蛋白质
碳水化合物	1杯意大利面，里面拌入红肉	4块碳水化合物
脂肪	2汤匙橄榄油	正常脂肪摄入量的2倍

第4餐，4块制		
蛋白质	约110克奶酪片	4块蛋白质
碳水化合物	1个切成薄片的富士苹果和1杯蓝莓	4块碳水化合物
脂肪	24颗杏仁	8块脂肪

在一天中的这个时候，我已经进食了总共18块食物（4顿4块食物的正餐和1次2块食物的零食），剩下4块食物，在下班回家后，我会在晚餐时食用。我一直努力在每顿餐中以蔬菜水果为碳水化合物的主要来源，我用富士苹果弥补了碳水化合物的不足。

晚餐（第5餐），4块制		
蛋白质	约110克瘦肉或鱼肉	4块蛋白质
碳水化合物	由西蓝花、西红柿、菠菜和黄瓜组成的大盘沙拉	4块碳水化合物
脂肪	24颗杏仁	8块脂肪

偶尔我会加班，因此不得不提前准备这些食物。我的解决方法是顺路去杂货店或便利店购买一些奶酪条（蛋白质）和一个苹果（碳水

化合物），我也会随身多带些杏仁（脂肪）。

水是"区域饮食"中的首选饮品。这里我也使用了重量测量学说，用一个约 3.8 升的容器喝水，确保每天至少能喝约 1.8 升的水。

自 2002 年 2 月以来，这就是我坚持使用的饮食方法。很简单，对吧？有的时候，我还会根据训练强度和训练量的增加来校准脂肪的摄入量。我开始尝试的另一种改变是提高摄入碳水化合物的整体质量，避免从如意大利面等加工食品中获取任何碳水化合物，并确保从蔬菜和水果中获取全部碳水化合物。这是一个有效的改进：通过这个简单的改变，我减掉了超过 2.2 千克的脂肪，即使摄入的脂肪量是"区域饮食"所要求的 2 倍。

讲到这里，我还是想强调一下，我不是医生或营养师。相反，我只是一个非常有经验的教练和运动员，我坚持"区域饮食"方法已经超过 15 年了，我还把它教授给了其他人。如果你和我聊天，告诉我你有特殊疾病问题或饮食限制，我肯定会建议你在采用该饮食法期间，配合医生进行常规血液检查，向医生寻求帮助，以消除你的一些猜疑。

我也鼓励你阅读一本或多本西尔斯所写的书，书中也有很多食谱，还会介绍如何计算一天的蛋白质需求以及如何计算你需要的块数。

如何快速开始

开始按照"区域饮食"法进餐的最简单方法是使用西尔斯所教授的"眼观法"。它不像"块"的方法那样精确，但也会让你非常接近最佳的分量。

首先，保证自己每天吃 3 顿正餐，同时吃 2 ~ 3 次"区域饮食"所要求的零食。

下一步，像这样制作你的食物：摆好餐盘，心里将其分为 3 部分。

在盘子 1/3 的位置放上健康的蛋白质，例如鸡肉、瘦牛肉、鱼肉或火鸡肉，分量应该刚好是你的手掌大小。

将餐盘剩下的 2/3 用蔬菜和水果作为碳水化合物填满，主要选择不同颜色的蔬菜。水果的话，尽可能选择营养丰富且糖分相对较低的莓类水果。如果你选择的是加工过的碳水化合物，例如大米或土豆，

阿蒙森的燕麦粥做法

在深汤锅中倒入 2 杯水，煮开。加入 1 小匙盐，然后加入 1 杯速熟燕麦片。盖上锅盖，焖煮 7 ~ 10 分钟。熄火，加入一小匙黄油、一小匙肉桂和少量龙舌兰糖浆，然后开始搅拌。1 杯煮熟的燕麦粥是 3 块碳水化合物。然后，将燕麦粥和代表 3 块蛋白质的 3 个煮熟的鸡蛋搭配着吃。这顿饭就是完美的 3 块制餐。

则将其减少到与蛋白质相同的分量。

最后，加入健康的脂肪。沙拉酱汁（例如含有橄榄油和醋的醋汁）、一片牛油果、几个夏威夷果（1 个夏威夷果等于 1 块脂肪）或几颗杏仁（3 颗杏仁等于 1 块脂肪）是理想的选择。

这顿饭就做好了，你的每餐都应符合以上描述。在两餐之间或锻炼之前，先吃点零食。奶酪条和苹果是我在运用"区域饮食"法时比较偏爱的两种零食。在设计食谱时，要考虑用少量蛋白质与碳水化合物以及一定量的脂肪搭配。例如，约 30 克的火鸡、半个苹果和一些坚果，或 1 个煮熟的鸡蛋、少量的莓类水果和 1 片牛油果。这些就是简单的选择。

以下是其他的零食搭配。

第 1 种，2 块制

5 颗草莓，切碎

5 颗蓝莓

1 小匙核桃，碾碎

将这些放在

¼ 杯低脂农家干酪、1 茶匙香草和甜叶菊上品尝

第 2 种，1 块制

6 根芹菜茎，纵向对半切开

约 30 克煮熟的去皮鸡胸肉，切丁

2 小匙鹰嘴豆酱

1 小匙萨尔萨辣酱

第 3 种，2 块制

大盘沙拉，含有

番茄干

生菜

任何其他蔬菜

特级初榨橄榄油和意大利油醋汁

约 110 克火鸡胸肉

8 颗圣女果，对半切开

第7章

利用心理的力量

随着你逐渐提高训练的强度，心理力量的重要性变得越来越明显。在锻炼过程中，你的不适感越强烈，锻炼的效力就越大，你取得的进步就越多。但要注意的是：锻炼越艰苦，心理对其发挥的作用越大。这个等式不仅适用于体育锻炼和训练，同样也适用于我们为自己设立的和日常生活中所面临的许多挑战。

在特种部队小组的执法工作中或作为军事特种作战部队的成员，我在职业追求中无疑会面临严峻的挑战。在美国最精锐部队的甄选和评估过程中，很难判断哪些新兵将在最后一刻入围。绝大多数候选者都无法完成训练。但是令人惊讶的是，美国海军海豹突击队基础水下爆破训练（BUD/S）这样痛苦而严峻的考验中包含"地狱周"，在此期间候选者要面临连续 5 天无休止的身体和心理上的折磨，通过考验的却并不一定是身体素质最好的人。实际上，有些被认为是"最好"的候选者在训练之初就率先退出了训练。尽管每个班级的情况各不相同，但在有能力进入的少数人中，放弃率通常也很高，几乎每 4 个人中就会有 1 人退出。

对于那些成功的人来说，他们是怎么做到的呢？在健身房和日常生活中，在对身体具有挑战性的环境中，那些能够幸存甚至成长的人通常会表现出强烈的目的性，并会使用一套基本的心理工具和压力控制技巧。

在对身体具有挑战性的环境中，那些能够幸存甚至成长的人通常会表现出强烈的目的性，并会使用一套基本的心理工具和压力控制技巧。

实际上，在"9·11"恐怖袭击事件之后的几年里，美军对海豹突击队的需求激增，海军特种作战司令部开始研究如何改进甄选新队员的过程，并聘请了临床体育心理学家埃里克·波特拉特博士来教授提高现役海豹突击队队员表现以及使候选者更有可能通过训练的技巧。尽管波特拉特博士不愿声明体育心理学的运用对提高海豹突击队队员和候选者的适应能力和表现有直接作用，但他确实在执法播客中说："基础水下爆破训练的（成功）概率有所提高。研究表明，我们的队员在部队的适应能力很强。"

在与加利福尼亚州科罗纳多市的海豹突击队合作期间，波特拉特充分利用了海军与附近位于丘拉维斯塔的美国奥林匹克训练中心的友好合作关系。当地的心理学家说了这样的一句话，波特拉特认为，这句话不仅适用于世界级运动员，同样也适用于在基础水下爆破训练中成功和失败的候选者："夺冠和一无所获的区别在于两耳之间。"

我完全同意。

波特拉特认为必不可少的技巧围绕以下几点：通过呼吸技巧来管理压力，进行积极的自我对话以及在训练过程中保持专注和专心。成功的候选者还倾向于通过以下几种关键的方法来应对挑战。

» 设定递增的目标。
» 通过消除负面想法并保留正面想法来管理自己的心理状态。
» 努力控制对无法控制的事物的恐惧、担忧和压力，并将其转变为能量和力量作用于可控制的事物。
» 把注意力放在过程、日复一日的训练上，而不应该执着于结果。
» 辨别什么是短暂的和什么是永久的。
» 训练自我对话。
» 将大的目标分解为逐步递增的小目标。

将以上这些技巧综合起来，就能使成功的候选者不受阻碍地运用心理力量，同样的积极能量也适用于你。训练以上技巧，日复一日地努力应用这些技巧，并养成习惯。然后你将发现艰难的目标不再是你的障碍，而是火种，点燃之后的火将让你瞄准更大范围中的目标，而不再是之前那些让你因恐惧而无能为力的目标。

让我们来看看现实生活中的挑战。假设你的目标是减掉约 4.5 千克的体重。要实现这一目标，需要做出的改变非常简单：养成更好的饮食习惯，少喝（或不喝）啤酒，改善睡眠，并坚持运动。没有什么奇方，这些都是常识。

真的就这么简单。但是容易做到吗？这取决于你对目标所应用的心理方法，以及围绕目标而制定的任务和日常工作。那些使某些候选者在加入特种作战部队时能取得成功的关键因素（例如目的性、目标设定、自我对话以及控制恐惧和压力的能力）将在你的成功道路上发挥极其重要的作用。

有一种情况经常会发生，这种情况甚至也发生在你的身上——你带着目标开始，但很快就放弃去改变。

你最初希望有更好的身材，使自己感觉更好。为了达到这个效果，你开始打算减掉约 4.5 千克的体重。但是，除了想要减重的模糊想法之外，你没有着重思考怎么减，或者寻找如何最好地实现这种想法的信息。你没有直接运用任何技巧来改变目前的不良习惯。相反，你陷入了回忆，你可能会回忆起之前多次尝试培养饮食习惯和实施健身计划但都以失败告终。那些害怕失败的想法很快转化为一种想要放弃和让步的感觉。"我永远做不到"或"我恨自己如此软弱"这些评价的话语如秃鹰般在你的脑海中盘旋。心理引导选择和行动，而这些消极的想法最后将导致你瘫坐在沙发上并靠啤酒、比萨、冰激凌或看着电视大吃大喝来进行自我治疗。

这最终适得其反！

但这不是无法战胜或不可避免的情况，绝对不是。坚持运用简单的行动和技巧，利用心理的力量，着眼于关键领域，并磨炼自己的心理工具为这些领域服务，这将会为你带来积极的成果。

第一步，你要发现并清楚地表明你的目的。你想要什么？你为何而坚持？你为什么在这里？你打算怎么做？

积极心态的力量

2011 年的春天，一位当年参加交叉训练比赛的运动员打电话咨询我。他不知疲倦地练习自由手倒立俯卧撑，但是一直不太成功。他很沮丧，那时他一直坚信为了实现这一目标，他需要身体技巧的指导。我听出了他声音里的焦躁，我问他："兄弟，用你自己的话告诉我，你想实现什么目标？你的目标到底是什么？"

他回答道："我一直希望能够做到自由手倒立俯卧撑，并且不会倒下来。"

我回应道："兄弟，这不是你真正想要的。你真正想要做到的是，保持身体平衡，做好自由手倒立俯卧撑。"

电话那头安静了一会儿，最后他说："过一会儿再打给你。"

就在第二天，这位运动员打电话给我，高兴地告诉我他完成了目标。

到底是什么改变了他？

其实，他只是改变了之前一直印在他心里的信息。在我们通话之前，这个信息一直在影响着他，即使这不是他想要的，却导致他总是摔倒。通话之后，他把积极的信息刻在心里，这帮助他向自己的潜意识传达他真正想要的，而不是否定的信息。

改变心态，就能改变你的世界。

第8章
找寻你的人生目的

2012 年夏天，我与世界知名的演讲者凯尔·梅纳德同台进行主题为"个人动机、领导力和强烈的目的意识"的演讲。当谈到自己的人生追求，即激励他人时，凯尔势不可当。尽管凯尔天生没有四肢，但他取得了众多成就，包括他高中时期就赢得了 36 场摔跤比赛，他如今已成为一名综合格斗家。他把自己的人生故事撰写成书；后来，他获得了美国年度卓越体育表现奖，因为他在没有义肢帮助的情况下成功攀登了乞力马扎罗山。

"适应性运动员和负伤战士峰会"在美国得克萨斯州举办，我和凯尔是峰会的演讲人，凯尔以令人着迷的方式讲述了以"克服障碍与压倒性劣势"为主题的人生课程，他的演讲赢得了在场所有人的掌声。

凯尔提出，大多数人生活在"什么"的生存圈中。他们将生活的全部能量和意志用于应对生活中发生的事情，从来不会停下来去思考自己对所发生事情的责任是什么，更重要的是，他们只需要通过掌握对自己生活的领导权，就能改变自己的未来状况。有些人冲出来进入下一个圈子，即"如何做"。对他们而言，他们不再担心正在发生"什么"，而专注于"如何做"出明智的选择，从而影响自己的未来状况和经历。只有极少数人实现了飞跃，到达"为什么"的圈子。这是生命最深刻的地方，因为从这个圈子开始，我们不仅会思考"什么"或"如何做"，而且开始思考"为什么"人生是这样的。这个问题最终会引导一个人去思考最宏观的问题，例如"我为什么出生？""我为什么要以这种方式行事？""我的人生目的是什么？"。正是对这些问题答案的追寻，才给人带来有意义和充实的生活。凯尔解释说，关键是要不断地将生活方向靠近你的"为什么"，当我们将强大的"为什么"问题附加在一个目标上时，我们的耐力和意志力就会极大地增强。

凯尔演讲过后，我们有机会进行了交流。那天，凯尔对我说了一句话，我将永远铭记："格雷格，'为什么'在你人生中的力量越大，你的人生就会越强大。"

想要成功应对交叉训练精英健身的挑战，重要的是，你要有强烈的目的性，要有具有说服力的理由说明"为什么"你要日复一日地坚持训练。在军队和执法部门这些需要战士的行业中，我经常说："训练，就像你的生死取决于此，而且事实也确实如此。"对执法人员或者军队作战队员来说，他们是否做好准备很容易决定他们的生死，还有什

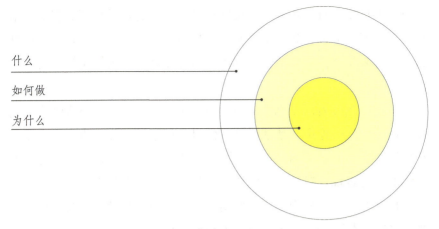

什么

如何做

为什么

"什么—如何做—为什么"的概念是凯尔·梅纳德在 2012 年于得克萨斯州奥斯汀市举办的"适应性运动员和负伤战士峰会"上向我介绍的。凯尔是大会的主演讲者,他向在战斗中遭受灾难性伤害的士兵和海军军官教授领导力、积极的生活策略以及战士心态。

么原因比这个残酷的事实更具有说服力而让他们受训呢?当然这个原因也帮助我集中精力实现我自己的目的和承诺。那么你呢?你的"为什么"是什么呢?

你的人生目的对你来说是独一无二的,而你的才能、技能和特质可以使你以独特的方式实现目的。尽管人生目的和目标是相关联的,但它们并不相同。如果你将你的目的视为足球场上的球门柱,而目标则是在球场上踢球时的一系列动作。你的目的是人生中的"为什么",当你清楚知道自己的目的时,你所做的选择要么使你更靠近球门柱,要么使你离球门柱越来越远。但是,除非你领悟到人生的目的,否则你很难确定你会朝哪个方向移动足球。事实上,你很容易最终向后移动。

在发展和保持自律方面,尤其是启动具有挑战性的健身计划如交叉训练精英健身计划时,深知"为什么"对训练至关重要,因为训练只会越来越难。随着计划的进行,你的力量、耐力、体力和综合身体素质得到提高后,你就会和我有同样的发现:你越健壮,训练就会越难!在你追求自己的目标的过程中,你需要更多的力量,尤其是心理力量和更加自律,以推动你克服日常训练的不适感。在过去的 15 年中,我在训练中持续地取得进步。但是,这要求我在"为什么"上投入思考,以便能够日复一日、年复一年地坚持锻炼。没有这种思考，我的热情和专注力就会消散，我也很容易逐渐松懈下来。但是，也正因为这种思考，每天我都会兴奋地完成训练，始终保持第一天开始训练时的兴奋感。

此外，当你着眼于训练的目的时，你的意识会发生重大转变。这种意识可以帮助你更清楚地辨别在何时、何地以及如何将意志力运用在目标的实现上。例如，在一项具有竞争性的训练中，你很容易去关注其他人的表现。但是，将注意力同时放在自己和他人的表现上，就像将自己的力量一分为二，只使用了部分潜力进行训练。与之相反，当你将注意力集中在你能够影响的事物上时，你的潜力就会增加。

因此，我们可以得出结论：开发和利用你全部的心理力量始于选择和定义你的目的，目的是你最大的动力来源。淡薄或模糊的目的意识就像只拉了一半的弓，你的目的应该如拉满的弓，将你最真挚的热情和价值作为力量。这不仅仅是一个想要实现并超越的小目标，例如进行 20 次引体向上或拥有 6 块腹肌。这些身体素质上的目标没有错，但是你的目的应该是更大的目标。这个目的应该带你进入一个你愿意不顾生命危险而为之奋斗的领域。如果你不清楚你的目的、你的"为什么"，那么你会失去成功实现目标的机会。几乎可以肯定的是，你会无法充分利用自己的全部潜力。

发掘你的火力

目的因人而异。你的目的可能是成为父母、老师、教练，或拥有成功的企业，或追求理想的职业。

如果把你的目的作为你的球门柱，那么你应该会希望每次都能把球移动到离球门更近一点的地方。但是，在你的一生中，你的目的可能会进化。例如，在我 20 多岁的时候，我就把自己的人生目的确定为"当一名执法者，保护和服务社会"。但是，在我担任副治安官 3 年后，我知道我想以更大的能力来服务和保护社会，因此我有了更高的追求。

"我想参军并继续担任执法人员，以此来保护和服务我的国家以及社会。"我重新定义的目的最终引领我进入了陆军和美国缉毒局。随着我不断成熟并更多地了解了自己的独特才能和激情后，我开始强烈感

在访问第 137 挪威皇家空军军事警察部队时，我举办了关于领导力和战士精神的讲座。

觉到自己的目的逐渐变成教育和启发士兵和执法者提升综合身体素质。因此，我的目的又一次得到了升华。

在我成为交叉训练精英健身者的过程中，正是这个目的促使我全身心投入艰苦的身体训练中。当然，这种热情在很大程度上也来自执法职业和军队工作。人民的生命受到威胁，也包括我自己的生命，所以我的训练质量对他们和我来说都是生死攸关的。我穷尽所有的能量，通过严肃对待我的训练和做出牺牲来坚持自己的目的。

这也是你进行健身训练的原因。无论你的目的是什么，我都坚信，你可以通过培养强大的心理、身体和精神力量来最好地支持它、表达它。因此，全身心地投入一项健身计划，不仅对实现各种目标至关重要，而且对实现人生目的也十分重要。毕竟，归根结底，我们所说的是一个统一的整体：身体、心理和精神。为了使你能发挥最大潜力，这三者必须保持一致。如果没有基本的日常自律来使自己的身体、心理和精神变得强大，你就无法为实现伟大的人生目的而全力以赴。

的确，成为精英健身者的火力直接来自你的目的，发现和发展你自己的人生目的是最大限度发挥身体训练作用的必要起点。

如果你觉得自己现在没有很强烈的目的，或者你觉得目前所走的路和内心深处的人生使命不一致，那么当下就是最好的时机，现在就开始仔细聆听引导你迈向人生中最重要的启示之一的声音。

　　实现你的目的不仅仅是一种有意识的行为，你的目的处于你潜意识的精神领域。为了找到内心的声音，你需要在内心的评判区域创造一个沉默的空间，而不是将其淹没在日常的嘈杂、怀疑或诱惑中，这些大多来自很多商业营销向你传递的信息，他们每天 24 小时不停歇地吸引着你的注意力。

　　通过创造安静的环境来发掘自己的目的，你可以使用的方法很多：冥想、在大自然中远足、独处和在日记中自由写作，这些都是不错的方法。这么做是为了找到一个方法，让自己内心的画面和信息浮出水面。

　　首先，你需要思考最简单的问题：我真正想要的是什么？我为何而坚持？我为什么在这里？我打算怎么做？

　　这些都是简单的问题，但却很宏观，一开始你可能很难找到答案。

　　通过冥想或写日记来提出你的问题（使用任何一种对你来说有用的方法），然后仔细地聆听你内心的声音，整个过程要有耐心并专注。全身心地投入这个过程，你将得到内心深处关于你是谁以及你将要做什么的见解。

　　当问题的答案需要你付出或经历诸如不适、努力、挫折、痛苦、风险和失败等时，你就会知道你正在朝正确的方向定义你的目的。但我保证，这是好的征兆！它开辟了一条通往内在认知的道路，迫使你探索内心深处以获得勇气和力量。

　　我无法确切地告诉你这个过程需要多长时间。有些人很早就发现了他们的目的和热情所在，而有些人直到晚年才发现。对于某些人来说，这一过程是由他们生命中的重大事故而引起的——可能是失去了亲人或一次濒临死亡的经历。而有些人只是突然顿悟，做好准备进行改变，准备应对更多挑战，准备拥抱尽可能更好的自己。

第9章

设立并实现目标

尽管找寻或升华你的目的是一个没有逻辑性的精神过程，但聪明地将目标写下来，设立目标框架，让你能够明智地投入时间和精力，则是一个较为机械的过程，值得你认真思考和注意。设立明智而合理的目标不仅可以帮助你保持进度，而且可以让你将注意力集中到当下，这是将目标变为现实中最有价值的资源的方法之一。

　　在仔细考虑你的目标时，请大胆思考。你的目标应该为你带来动力、灵感和指导，应该时刻激励着你，应该让你早上醒来就跳下床，并让你想将所有的时间都用来实现它。由于你的人生目的是你存在的意义，所以无论你拥有的是当好父母这样实际而长远的目的，还是奉献一生来寻求癌症的治愈方法这样崇高的追求，你所设立的目标都应该是明确而清晰的，是为实现人生目的而铺设的道路。

　　这些大的目标可以分解为逐渐递增的小目标，这些小目标非常重要，因此稍后我会对其进行详细的讨论。简而言之，它们源于你人生中的主要目标。你的大目标就像是你想要登上的屋顶，而梯子上的每一级就是逐步递增的、有形的、马上要实现的小目标，你需要一级一级地爬上去才能到达屋顶。

　　交叉训练精英健身计划在设立目标时的第一步是在运动能力和个人成就的前提下，理解和定义"目标"一词。受多年指导运动员实现他们的梦想的启发，我创造了一个定义，其中包括三个要点。

　　目标：以积极的意义表达并在实际的时间范围内设定，为取得成就的道路提供动力和方向，一种特别期望的最终状态。让我们仔细研究一下这个定义。我想在这三个要点的基础上进行扩展。

　　1. 目标必须明确。 例如"我想要连续完成 50 次借力引体向上"。目标的定义越突出重点，你就越有机会准确地制订计划、做准备和进行训练。与此同时，通过明确地定义目标，运动员可以在达到目标时进行精确评估。

　　2. 目标最好以积极的意义表达，说明你想要什么，而不是你不想要什么。 例如，"我想要 10000 美元"是积极的表达，"我不想欠债"是消极的表达。想想你想要什么，而不是你缺少什么。

　　积极地表达你的目标会产生很大的能量。如果我对自己说"我不想从攀登绳上掉下来"，那么我表达的核心就是掉下来的画面。这种画面会引起我的恐惧并进一步促成这个画面，这几乎等于我在想："我想从攀登绳上掉下来。"通过告诉自己不想出现的事情，你实际上为你真正想要避免的事情制订了行动方案。对运动员来说，一条重要的经验是，积极而肯定地牢记对目标的期望结果。

3. 目标必须包含一个具有挑战性但实际且可实现的时间范围。需要很长时间来完成的目标会使你缺乏紧迫感，心里难以形成实现目标的动力。另一方面，实现目标的时间范围太短，会使你感到气馁和绝望。在设定实现目标的时间范围时，你必须把握激励自己和挑战自己之间的微妙平衡，同时要确保成功的可能性很大。

在确定时间范围时，你也需要进行自我评估。例如，如果一位运动员告诉我他的目标是三个月内做到一次性完成 50 次引体向上，那么我会问他目前他可以连续完成多少次引体向上。他如何具体地回答这个问题，将帮助我确定支持他实现目标的最佳方法。如果他不知道现在可以做多少次引体向上，那么我们需要马上知道！假如他目前能做 5 次引体向上，那么设定多长时间实现连续完成 50 次引体向上的方法会与他目前能做 45 次引体向上的情况完全不同。

一旦目标设定好，能够时常"看到"目标对你大有帮助。把目标画出来，或者用杂志图片激励自己，让目标可视化。我们的大脑是以图像方式思考的，因此在你的大脑里留下想要实现的具体画面非常重要。你还应该为你的目标指定一种情感，可以想象一下你实现目标时的感受，这种情感会推着你朝自己的目标前进。

如果你已经找到了一个大目标，那真是太棒了！那么，下一个问题是：你如何实现目标？

小目标——梯子上的每一级

大目标至关重要，它和你的人生目的是你每天投入精力去实现小目标的动力来源。

然而，由于大目标很重要而且很宏观，它可能会令人畏惧而对你产生巨大的压力。从你的起点出发，达成大目标的道路可能会看起来异常地艰难，因此你可能会感到焦虑，难以开始，或很想退出。

比如，一位女士第一次参加马拉松比赛，在这之前，她每周会进行几次几千米的慢跑。在设定跑马拉松的目标时，她可能会发现，如果她试着去想象所有需要做的努力，那么对未知事物和失败的恐惧可能会令她却步。一下子想象自己的身体、心理和精神要为连续跑42.195千米做好准备，所做的工作量可能会突然让她不堪重负。

跑马拉松只是一个例子，这种情况还有很多。一名大学生本着自己想要帮助他人的人生追求，立志成为一名医生。但是，在成为一名内科医生的道路上，需要他多年辛苦而紧张地工作和做出牺牲。如果让他一下子想象这长达10年的旅程，恐惧和焦虑可能会吓到他，使他痛苦、失眠，甚至使他还未开始就筋疲力尽。

无论是搭建桥梁、创立一番事业、成为特种部队队员、白手起家创立成功的企业、完成马拉松比赛，还是成为一个全面发展的精英健身者，比较有用的技能无疑是学会设立小目标。设立小目标，能够把你从对大目标的过度紧张的边缘拉回来。当你一下子陷入对整个事业的思考，你的血压逐渐上升时，重新将注意力集中在单个简单的小目标上，这一步很关键。

安迪·斯顿夫曾任海豹突击队教员，他很好奇为什么一生梦想成为海豹突击队队员的候选者在基础水下爆破训练刚开始就选择放弃而退出。在令人畏惧的"地狱周"中退出的大多数人都是在开始的前两天就退出了。安迪以教员的身份，同时也以曾经的候选者身份看待这个现象。

答案很快就浮出水面：很多人想到必须坚持一周完成"地狱周"测试才能进入海豹突击队而选择退出。凌晨4点，这时"地狱周"已经开始5小时，之后5天不能睡觉、无休止的严酷训练的场面实在令人难以想象。面对如此艰难的测试，一些人很快丧失了决心并退出了。

而那些披荆斩棘能够成功的人，他们是怎么做到的呢？他们缩小视野，克制自己去想象坚持一周的痛苦。相反，他们将自己的注意力集中在唾手可得的小目标上，例如，他们努力坚持到下一个小时。安迪说他自己在通过"地狱周"测试的过程中就使用了小目标方法，只想着坚持到下一顿饭，其他的事情一概不想。他将自己的所有能量集中在完成所有的演习和冲浪酷刑以及跑步和锻炼上，只为达到一个小目标——坚持到吃上午餐，这是他的"梯子上的一级"。达成这个目标之后，他开始重新设定自己的想象，想象自己能坚持到晚餐。接下来，他为实现他的最终目的——宇宙中没有任何事情比坚持这项测试到第二天的早餐还要重要而努力。一步一步地，使用这种方法，让他清楚地知晓小目标该怎么实现。

随着交叉训练精英健身计划的强度和难度的增加，你可以利用这个绝佳的机会练习设立小目标。在我的训练计划中，15分钟的训练将会是高强度的。一方面，一个人可以胡乱应付似地进行锻炼，四处闲逛，偶尔举重一会，缺乏专注力或紧迫性。在那种情况下，锻炼感觉起来可能并没有那么难，这的确是真的。这样的话，你可以很轻松而且很快地度过这15分钟，但是你获得的"奖励"是让人失望的结果。

交叉训练精英健身计划旨在确保训练者具有高度的专注意识和紧迫感。当你全力以赴时，15分钟就有了完全不同的意义。例如，在尽可能完成最多次数模式下进行俯卧撑和壶铃甩摆可能会非常困难。尽可能完成最多次数的训练模式要求你有充分的目的性、专注力、勇气，并且会给你带来不断增加的不适感。你会流汗、遭受痛苦，并被迫去面对消极的想法以及可能出现的想早点退出的想法。

但是，一旦你渡过难关，你将会得到巨大的回报。在身体层面，你会收获很好的结果；在心理层面，你会更有信心。精英健身者也需要花费时间巩固新的进步。

这些训练的难度和强度让设立小目标变得至关重要。为了增加训练的益处，让你更接近大目标，这是接受训练的不适感和高强度的关键所在。不要将每次训练看作是一个15分钟的整体，而应将其分解。其中一个办法是将其分为三个5分钟的时间段。训练开始时，将全部注意力集中在第一个5分钟上。战胜第一阶段后，将所有注意力转移到接下来的5分钟上。如果不适感迅速加剧，你可以调整为1分钟的时间段，或者关注每一轮的俯卧撑和壶铃甩摆练习。或者，你可以在每轮训练之间进行5次呼吸。因此，在完成一轮训练后，放下壶铃，进行5次呼吸，然后开始下一轮，只专注于完成每一轮训练。就像爬梯子一样，每次只向上爬一级。

在练习设立小目标的方法时，你会惊讶地发现在划分小目标时需要考虑很多方面。从心理学上讲，在训练时你会感觉时间过得更快。

除了健身，这种设立小目标的办法也可以用于你人生的其他方面，以实现你更大的人生追求。关键之处是将注意力集中于完成其中某一部分的任务，屏除其他杂念，为这项任务设定一个完成期限。然后，当你完成该任务时，便将你的注意力、精力和意识集中于下一个逐步递增的目标上。

让我们重新描述一下那位参加马拉松比赛的女士的故事。小目标的设立让她完成了漫长的数周的训练。现在，随着比赛的进行，她很可能会发现有必要再次使用这个技巧。当她跑完约 32 千米时，她将面对最后的约 10 千米的距离，这与最初的约 10 千米的距离大不相同。虽然前面的约 32 千米的距离可以很容易分解为一个个约 8 千米的小目标，但在最后的约 10 千米的比赛中不适感会快速加剧，这时她可能需要每次以 1.5 千米为目标，或以 800 米为目标，或以保持步伐，坚持到下一个救护站或路灯柱为目标，然后重新设定小目标。

举另外一个例子，假设你的目标是完成 15 次严格引体向上，目前你可以完成 5 次（此数字可能会更高或更低，具体取决于你的身体状况和训练背景）。你会如何缩小自己和目标之间的差距呢？首先，你应该设定一个实际的时间范围。6 周的计划可能比较合理，其中包括完成两轮 21 天交叉训练精英健身计划，然后每天进行一次额外的引体向上练习，从完成 5 次开始，逐渐增加到完成 15 次。在此过程中，不要忘记想象自己连续完成 15 次严格引体向上的画面。

现在你已经设立了目标和大致的实施计划，你可以继续分解目标，记下逐渐递增的、能够马上实现的每一小步。第一天的小目标清单可能如下。

» 完成当天的健身计划。
» 锻炼后，尽可能不间断地进行 5 次引体向上练习。
» 用 5 分钟时间想象自己连续完成 15 次严格引体向上的画面。

总而言之，为达到你的目的，请明确画出实现每个目标的路线，将目标继续分解成能更快完成的小目标，列出小目标并逐一完成。

在你把大的目标分解成一个个小目标后，你每次全力以赴地完成一个小目标可以防止自己的心思飘向大目标，防止自己被实现大目标所需要的日积月累的辛苦所吓倒。

小目标让你的梦想存在于当下，当然，这意味着你正在通过点滴的努力实现小目标，但这也正是实现你的雄心壮志的最佳方法！实现梦想最有效的方法是将其分解为小目标，完成第一个目标，再着眼于第二个目标。这也是取得巨大成功的秘诀。

第**10**章

自我对话

自我对话是另一个强大的心理工具，可帮助你稳步而富有成效地朝着长期目标迈进。当你在这条道路上遇到挑战时，自我对话尤为重要，在交叉训练精英健身的过程中你一定会在某个时间点进行自我对话。

医学博士蒂莫西·诺克斯是著名的体育科学家和作家，因提出"中央管理"的理论而闻名。这个理论研究了当我们到达运动的极限时，与不适和疼痛有关的大脑连线的神经生物学，这时即使肌肉中仍然存有力量，大脑机制也会使不适感异常严重。就好像一旦你的汽车油箱降到25%以下，汽车电脑系统就会开始强迫发动机减速甚至停止运转。这是一种自我保护机制。

关于在艰难的竞赛中获得最佳的体力表现，诺克斯认为，在我们允许一个想法进入内部对话的那一刻，例如"我不确定我能做到这一点""我无法坚持下去""我想我会输掉"，大脑的化学物质会捕捉到这个迹象，并立即开始增强不适感。保持运动时的节奏或强度也会立即变得更加困难。

如果我们重新以第9章中那位首次参加马拉松比赛的女士为例，你可以想象诺克斯所描述的观点正在生效。由于这位运动员从未跑过约42千米，因此自我怀疑一直潜伏着，瞄准机会就会占据上风。疼痛、疲劳、肌肉抽筋，前面还有很长的路……各种像"我觉得我跑不动了"这样的想法在她的脑海中盘旋，然后按照诺克斯的模型，她的心理防线开始慢慢崩塌，双腿感觉越来越沉重，不适感不断增强，更加消极的想法涌现，退出的可能性越来越大。

因此，掌控自己的想法是极为有用的。消极的想法和失败的画面会使一切变得越来越沉重，越来越艰难。而积极的想法则会对大脑产生完全相反的影响，它增加了自信、动力和个人成功的机会。

不要害怕在锻炼过程中大声喊出："是的，我能做到！"

你是否怀疑我们的想法不会如此强大？我曾经的经历就可以作为例子来很好地回答这个问题。

在"心训练营"中连续41小时全力以赴地进行身体训练后，我发现在长达数小时内我都无法搬运一块沉重的石头。教员马克·迪万看到我退败下来，就走过来帮助我正确地思考。这是一块沉重的石头，而消极的自我对话让我感到这块石头更沉重了。

当我正在艰难地搬运时，马克问我："你在喂什么狗？"马克通过喂狗的比喻指导我进行积极的自我对话。正如马克所说，在任何特定的时刻，你的想法要么在喂勇气之狗，要么在喂恐惧之狗。失败或忧虑的想法喂饱了恐惧之狗。而喂食恐惧之狗，它会变得越来越强大，使情况变得更糟，并增大你放弃的可能性。但是，当你给勇气之狗喂食时，就会产生相反的效果。你会感到自己更坚强，从而肯定自己，自我信念更强烈。因此，你要用诸如"我能行！"之类的想法或让你专注于完成下一个小目标的想法来喂食勇气之狗。喂饱勇气之狗，可以使你的生命能量流向你想去的方向。

当你在交叉训练精英健身计划中进行更高强度的锻炼时，如何饿死恐惧之狗并喂饱勇气之狗呢？你可以尝试以下这个简单的过程。

1. 随着锻炼强度的提高，请注意你的脑海中是否开始浮现各种想法。识别并判断这些想法，将它们当作可以用来喂食心中任何一只狗的食物。

2. **如果是负面的想法，赶紧打断。**冷静地停止思考——确保这时你没有屏住呼吸，正在平稳地呼吸。

3. **重新导向。**释放消极的想法并管理其能量。将消极的情绪能量重新转换为积极的画面或表达，将肯定的表达和歌声作为食物来喂勇敢之狗。请注意如何将消极的想法转换为可用于实现当前目标的能量和力量。

那时，在"心训练营"里，这个过程对我来说会是什么样的呢？在那儿，我不能睡觉，无法穿着袜子走过冰冷的海水，疲惫不堪，并处于压力之下。我无法在一定的时间内恢复到良好的状态，而这时我还费力地拖着一块沉重的石头前行。一个个消极的想法像"我觉得我做不到"很容易就浮现在脑海中。在这种情况下，我的第一个任务是清醒地意识到并尽早抓住这个想法，就像用网去捕有毒的蛾子一样。然后，为了消除这个想法，我可以插入一个带有积极的情感色彩的想法：我能做到！我马上就要做到了！

我的任务是一遍又一遍地重复这些积极的想法，喂食勇气之狗，为实现我的目标创造内在的动力。

这个技巧可用于各种具有挑战性的项目和情况，不论是长时间或高强度的训练如跑马拉松，还是为期末考试复习、为面试做准备。时刻监视着自己的想法，喂饱你的勇气之狗，让你的恐惧之狗挨饿。

不要害怕利用话语的力量来打断并克服内心反复出现的消极的自我对话。如果你的内心很难用积极的想法来取代消极的想法，那么可以深深地吸气，并以坚定的信念、能量和热情大声说出积极的想法。倾听自己积极的声音可以对心理产生强大的效果，并帮助你实现正确的自我对话。不要害怕在锻炼过程中直接大声喊出："是的，我能做到！"

练习自我对话的力量

如今，执法机构、特种部队以及专业运动队都在应用自我对话和运动心理学的基础知识。为了提高他们在极限作战环境下的表现，他们将学习设定目标、运用小目标、使用呼吸技巧如盒式呼吸的"觉醒控制"法、想象收获的成果和成功的画面以及积极的自我对话习惯。

交叉训练精英健身计划中的日常锻炼是你培养和强化这种心理技能并养成积极的自我对话习惯的大好机会。两种简单的自我对话练习（自我肯定和第一句话）将帮助你在日常生活中运用这项技能。

积极心态下的自我肯定

在锻炼之前和锻炼期间，请保持警惕，以防消极的想法悄悄陷入循环之中。如果发现消极的想法，要马上识别并以积极的想法取代它。更好的办法是，一遍又一遍地重复以下这些积极的话语，要建立一面防火墙，防止消极的想法入侵，这样可以一次性全部消除它们。

1. 我相信自己，我爱自己，我不断肯定自己取得成功的能力。（我为终极格斗冠军赛传奇人物格雷·梅纳德和巴西柔术黑带世界冠军内森·门德尔松创作了这句自我肯定语。）

2. 我受到精神之光和能量的保护和环绕，它们与勇气、自信、自尊和自爱共鸣。

3. 在追求我神圣的人生目的时，大家都爱着我并支持着我。

4. 我的心理、身体和精神处于完美融合和完美表达的状态。

5. 我以普遍的智慧、活力四射的健康和一种完美的身体状态充实并校准自己。

6. 我的心态是活跃的，充满积极的期望、鼓励性的自我对话和乐观主义。

7. 我可以克服摆在我面前的任何挑战。

8. 我无条件地相信自己和他人的能力。

9. 我拥有完美的技巧、关节活动度和运动表现理念。

10. 我喜欢挑战。

第一句话

不要白白浪费我们每天所说的第一句话，它们具有至关重要的意义。当你刚醒来时，你的心里通常就像池塘里的水面一样平静。你应该往池塘的中央投入正确的石头，以便由此产生的涟漪帮助你设定当天正确的能量和方向。

就我而言，每天醒来后，我享受着当下的宁静与寂静。我一句话也不说，安静地走到厨房，倒了一杯水。喝水的时候，我会感激这杯水。然后，我开始意识到自己的呼吸，可能会进行鼻孔交替呼吸。接着，我会坐在一个地方，进行简短的冥想，我将清晰地意识到呼吸时空气在向内和向外流动。

自我对话的早年启蒙

在我成长的过程中，我的父亲不断地加强话语对我们兄弟几个的影响。他鼓励我们以建设性的方式用词，并且只将与爱、机遇和积极的行动相一致的想法带入世界。

我的父亲知道我想在执法和军事领域任职，便有些担心我只去关注这些职业的身体层面，于是他给了我一些真知灼见："格雷格，一个真正的战士不只是会穿上制服和携带武器，他会说包含无限可能性和积极期望的语言。真正的战士会捍卫自己的言行，并有勇气纠正他人的言语。"

我的父亲是一名脊椎治疗师、牧师、救生员、游泳教练、健美运动员、海军军官和运动教练。迄今为止，他是我所认识的身体最健康的男人。

他在我很小的时候就启发我去发现拥有强壮矫健身体的重要性。他认为，人类是为了服务彼此而存在的，他把身体看作是可以为世界造福的工具。通过培养强壮而有能力的身体，我们可以在别人有需要时更好地帮助他人。

他经常谈论心理的力量，以及积极的想法如何在积极的身体行为中体现出来。同时，积极的行动又会产生积极的想法和情绪。

我父亲的脸上总是挂着微笑。他总是保持着非常挺拔的姿态，他的脚步总是轻盈而跳跃。他所展示的身体和行为与他的言语和思想互补。他对世界、他接触过的所有人和事以及他自己都给予了积极的评价。

在这种寂静中，我让话语在我的脑海中形成，这将是我今天说出口的第一句话。这些话是精心挑选的，并以一种自我肯定的方式打破早晨的寂静。

我在教瑜伽时，称这种练习为"第一句话的战士练习"。我提示班上的学员们从最后的休息体式回到现实中来，练习第一句话，我会说："我现在鼓励你们练习第一句话的战士传统。这种做法是，当你讲话时，你会想象自己说出的单词在宇宙肥沃的土壤中游荡，最终显现在并触及你人生的每个角落。因此，要带着光明、爱和积极的期望说出你的第一句话。"

请记住，每次你想讲话时，都不要出声。因此，在你沉默了很长时间后，早晨的第一句话最有力。但是，即使在激烈的对话中，你也可以屏住呼吸，内心冷静一下，然后练习第一句话。

就我自己而言，我总是用《圣经》的经文打破清晨神圣的寂静。不过，你的第一句话可以从你内心的智慧中得到启发。正如我在瑜伽课中所讲的那样，只要确保你的第一句话总是带有"光明、爱和积极的期望"即可。

第11章

改变你的想法

另一个重要的心理工具专门用来管理恐惧。在这方面，设立小目标和自我对话也很有效，尤其是当你正在艰难地努力时。但是，改变你的想法是在事前武装自己——在锻炼、比赛或可能引起恐惧或担心的任何尝试之前。为了防止恐惧入侵，在它控制你之前，你必须学会识别并释放你无法控制的事物，并将精力转移到你可以控制的事物上。

例如，很多人可能会害怕公众演讲，想到要站在一大群人面前讲话，可能在演讲的几小时甚至几天前就会引发各种担忧和恐惧。想像犯错误或表现不好的画面会让你喂食恐惧之狗，而你的这种想法对恐惧之狗来说就像是 T 骨牛排一样丰盛。其结果可能会让你全身麻痹——在演讲开始前的几小时内，你可能无法专注于其他任何事情。

在交叉训练研讨会举办的前几年，许多参会者都对这个训练计划表示怀疑。我在研讨会上的工作之一是与提出怀疑的人正面较量。我不知道这个较量什么时候进行，但肯定会进行：我被要求与一名参会者竞赛，一起进行一项令人畏惧的名为"弗兰"的训练。

"弗兰"是交叉训练计划中的一个训练组合，它可能是目前最令人恐惧和最容易引发焦虑的基准训练。"弗兰"包含三轮引体向上和火箭推，你需要尽可能以最快的速度完成。三轮分别为完成 21 次、15 次和 9 次，这么看起来好像也不是很难，但是在进行的过程中你要保持快速而难以掌握的节奏——我换种方式说，如果有一种训练十有八九会让你想吐，那么可能就是这项训练。

我对这项任务感到非常恐惧并且倍感压力。在研讨会召开的前一天晚上，我很难入睡，因为我不知道第二天何时会开始竞赛，可能在研讨会的第一小时或最后一小时内，或在这中间的任意一个时间。另外，我不知道与我竞赛的人是否本身就是一位出色的交叉训练者，他是否会让我经受考验甚至击败我。最后，我非常忠诚于格拉斯曼教练，我不想让他失望。我的工作是捍卫这项训练，但我对这个工作感到很有压力。

因此，在被要求进行"弗兰"训练的前几小时里，我的能量经常流失殆尽，我因为无法回答以下这些问题而焦虑不安：什么时候开始竞赛？我将与谁竞赛？我能做得足够好以免给我的教练和交叉训练丢脸吗？

我经历了数百次这样的折磨。但是我很幸运，因为我在学习交叉

第一届交叉训练目标设立研讨会于 2010 年在兰丘库卡蒙加市的交叉训练馆举行。

训练的同时，我还与出色的大师们一起练习各种武术。为了消除恐惧和忧虑，我开始运用在柔术、空手道和合气道等武术领域学到的关于能量的知识。

通过深呼吸、积极的自我对话、有意识地专注于当下。以及在研讨会上专注于与学生对话等方法，我得以放松下来并重新引导自己的能量。此外，我通过确保在竞赛前一周内尽可能地做好充分准备，努力训练自己，同时好好吃饭、好好睡觉、进行热身，从而主动地武装自己，以应对恐惧。

学会将自己的注意力放在可以控制而不是不可控的事物上，这不仅对我在交叉训练研讨会上的表现产生了巨大的影响，而且对我在执法工作中的表现也产生了积极的影响。在我职业生涯的早期，我的内心经常被我无法控制的事情所笼罩。恐惧的心态会在我面对假释犯或潜在暴力的犯罪嫌疑人时带来严重的后果。特别是面对那些吸毒的人时，他们可能完全无所畏惧，什么事都做得出来，我的恐惧或迟疑可能会被他们察觉到，这会激起他们发起进攻的冲动。

当我开始将应该细想的事物与无法控制的事物分开，将思路和意识转向我能够影响的事物时，我更加扎根于当下。我的能量得以保存，而不是在事前就被消磨殆尽，而且我的表现也得到了改善。

学会识别并释放你无法控制的事物，并将能量注入你能影响的事物里。

你可以今天就开始使用这个方法。

第一，培养意识。换句话说，将注意力集中在你正专注的事情上。尤其是当你感到"战斗或逃跑"的焦虑加剧时，请追溯恐惧背后的想法。你是否因将来可能发生或可能不会发生的事情而心神不宁？因你不能控制的事情而担忧？

第二，慢慢地确认你恐惧念头的方向，并将其转移到你能控制的领域。如果是一次演讲，那就使用你的能量再练习一遍。在进行高强度的训练之前，将能量转移到可以控制的事情上，例如进行充分的热身。

尤其是在刚开始的时候，以有形的方式想象这个过程可能会有所帮助。尝试在海报板或日记本上画两个大圆圈，以帮助你区分可以控制的事物和不能控制的事物。然后运用积极的自我对话和设立小目标的方法，将注意力集中在你能控制的事情上。

身心合一

2004 年，我和格拉斯曼教练、乔希·埃弗里特去华盛顿州的路易斯堡市，向第 19 特种部队小组教授交叉训练。那是为期三天的残酷训练，在 12 月，所有的训练都在户外进行。到了周日时，我已经筋疲力尽，我们训练的士兵虽然意志坚定，但也已经疲惫不堪。在最后一次训练即将开始时，格拉斯曼教练简短地介绍了训练内容后，他看了看小组高级军官佩里上尉，说："先生，我想请你挑选 5 个人来完成这项最后的训练。如果这 5 个人都在时限内完成训练，那么其他人就不必进行训练了。如果他们失败，每个人都必须进行这个训练。"

我很害怕，默默地希望佩里上尉不要选我。我想知道他会怎么选，确实，所有士兵，还有乔希和我，都累得站不起来。我们都弓着腰，双手杵在膝盖上，大口喘气，所有人都低头看着地面。我看着佩里上尉，想看看他当时会做什么。

就在那时，他在我面前展现出了惊人的领导才能和意志力。佩里上尉环顾四周，然后他站起来，向后旋转肩部，深吸了一口气。佩里上尉昂首挺胸，用命令的声音说："没事，兄弟们，我能做这个，我来做最后的训练。"说完，佩里上尉弯下腰，抬起两个大沙袋，开始了最后的训练。

你猜其他士兵是怎么做的？我们每个人都站起来，深吸一口气，然后举起我们自己的沙袋，跟着佩里上尉全力进行这个训练。最终，我们都在时限之内出色地完成了训练。

在这之后，我找到佩里上尉说："先生，你太棒了！你刚刚改变了一群已经被击倒的家伙，告诉我你做了什么，以及你怎么做到的。"

对此，佩里上尉说了几句让我永远铭记的话："格雷格，当我环顾四周时，我意识到我们都被击倒了。我知道我需要将自己的身体放在有力量的地方，然后我的心理会跟随身体来到这个地方。"

他简明扼要的建议一直伴随着我，直到今天，我一直在运用它并将其教给别人。当我们充分而深入地呼吸、挺直身体时，让我们的思想与心态保持一致就容易得多。通过综合训练计划，你将开始了解心理如何影响身体，身体又如何影响心理，以及身体和心理如何合二为一，从而让我们的精神熠熠生辉。

第12章

压力下的呼吸法

现实生活充满压力。没有压力是不可能的，执着于没有压力，注定会以失望告终。因此，与其这样，我们不如研究压力的本质，看看压力是如何影响我们的身体、心理和精神的。

心理力量工具箱中的最后一种工具，自你出生之日起就伴随你左右，可以帮助你处理压力并重新将思想集中在你能影响的事情上，这就是呼吸。

进行几次深呼吸具有非常强大的影响力。将注意力放在良好且深入的腹部呼吸，会让你专注于当下的时刻，帮你摒除杂念、缓解忧虑。

这一次又是马克·迪万——我的主要导师之一，帮助我学会了这一课。尽管多年来，呼吸已经成为我武术训练的一部分，但正是由于面对某种特殊的恐惧，我才知道良好的深呼吸是多么有用的资产。

2010 年，我正准备参加在弗吉尼亚州匡蒂科举行的为期 30 天的美国缉毒局国外部署顾问与支援队（FAST）评估和选拔课程。这个课程将进行为期 30 天的强化训练，以测试候选者的心理和身体极限。我知道课程包括绕绳下降、从直升机上快速滑绳以及各种有关高度的强化训练。

但我恐高。

我打电话给马克，问他是否可以帮助我为国外部署顾问与支援队的评估和选拔课程做准备，特别是涉及高度的强化训练。马克答应了，并告诉我周末在位于加利福尼亚州科罗纳多市的海豹突击队障碍赛场地与我见面。在星期六的清晨，我在海豹突击队训练场外面的沙滩上见到了马克。我看到远处几个障碍物高耸入云，马克没有过多地介绍或交谈，他说："格雷格，跟我来。"他踩过厚厚的沙子，朝着障碍赛场地的大门冲了过去。走了约 800 米后，马克和我站在约 15 米高的绳网底部。没有指导，没有动作要点，也没有安全提示。

马克大喊："嗨！格雷格！跟在我身边。"然后他开始攀爬。

我在马克旁边向上爬，他在内侧，我爬到了外侧，右边有一根巨大的如电话线杆一样的木杆，再往远处就是大海。在绳网的最高点，距离地面约 15 米高的地方，我们停了下来。我抬起头，发现绳网的顶端和一个木横杆之间有一段看起来让人感到恐惧的约 60 厘米长的距离。对我来说，这段约 60 厘米长的距离似乎比死亡还要恐怖，我非常希望我们接下来要做的是按原路往下爬。我牢牢抓住了绳网，直视着前方。

在弗吉尼亚州匡蒂科参加国外部署顾问与支援队（FAST）选拔和评估课程时，我与其他战士和兄弟的合影，这是我一生中最具挑战性的考验之一。

我的呼吸微弱而快速，我的心跳也在加速。

正在这时，马克说："格雷格，是时候做个深呼吸了。"

他说得很对，我需要深呼吸，重新控制自己的思想。我用鼻子深吸一口气，然后用嘴慢慢呼气。我的视野开阔了一些，我感到自己的身体以及我紧握的手开始略微放松。

"下一步是爬过木横杆到网的另一侧。"马克说。

我的呼吸再次加速，我紧抓着绳子不放。

"格雷格，我想让你说出是什么让你感到有压力。"马克说。

他的问题一下子让我陷入了思考。我意识到让我有压力的实际上不是我离地面的高度，也不是绳网与木横杆之间约 60 厘米的距离；更不是爬过木横杆的任务；甚至都不是担心从约 15 米高的地方跌落在地面上。对这一刻最真实的评价的结果是，我突然意识到产生压力的原因实际上根本不是任何外部因素。

当你改变对所感知事物的想法时，你所感知的事物就会开始发生变化。

压力只存在于一个地方——我的内心。

我所承受的压力只产生于我的心里，而这种压力又集中在我对高度、跌落和越过木横杆的恐惧想法上。啊！这是令人振奋的醒悟，因为如果我可以改变自己的想法，我就可以改变自己的感觉和行为。

我和马克再次平稳而冷静地深呼吸，微笑地看着对方，珍惜我醒悟的这一刻。我爬上去并越过木横杆，来到马克面前，大喊一声"嗨"，然后从这一侧向下爬回地面。

在国外部署顾问与支援队评估和选拔课程中，我把这一次学到的内容运用到快速滑绳和绕绳下降训练中。确切地说，在最后的评估测试中，我们需要从直升机上通过约 15 米长的滑绳快速到达射击地屋顶，我深吸了一口气并提醒自己，我所承受的任何压力只存在于我的心里，如果我能以恐惧的形式制造压力，那么我也能创造勇气、决心和专注。随后，我紧紧抓住绳索，向外打开舱门，安全地顺着绳索落到屋顶上。

那天早上在科罗纳多，我学到了一个两步完成的方法，我在这里分享给你们。在实现困难却重要目标的过程中，这是用于克服焦虑和突如其来的恐惧的强大工具。

深长地呼吸。我们无法在过去呼吸，也无法在未来呼吸。我们只能在当下的时刻呼吸。深呼吸将你带入当下的时刻，并帮助你在所经历的刺激与你对比的反应之间创造空间。

指出造成压力的原因。提醒自己，造成压力的原因并非你的外部经历。同时，应向内关注思想的质量，并明白它正在塑造你对所经历事物的看法。当你改变对所感知事物的想法时，你所感知的事物就会开始发生变化。

深呼吸将你带入当下的时刻，并帮助你在所经历的刺激与你对此的反应之间创造空间。

武术、瑜伽和冥想都始于以呼吸为中心的力量和能量流。这是为什么呢？因为呼吸既是基础技能又能使人充满活力。

呼吸也是心理、身体和精神合为一体的时刻。在这时，你的交叉训练精英健身计划才真正开始。

第13章

开始精神锻炼

凯利·斯塔雷特博士是畅销书作家，他所创建的网站如百科全书式地提供了有关如何改善姿势、动作和力量输出的教学及问题解决方法。凯利受到了全世界的关注，并为美国国家橄榄球联盟（NFL）球队、美国职业棒球大联盟（MLB）顶级球员、环法自行车赛（Tour de France）骑手以及来自军队和执法部门的特种作战小组提供咨询。

　　在演讲活动中，凯利经常向听众提出一个问题：你进行过动态修行吗？对他而言，进行瑜伽或普拉提这样的动态修行指的是要花一些时间来提高自己的活动能力以及呈现和保持良好姿势的能力。你可能有正在进行的体育运动，如骑行、划船、打篮球、冲浪，这很不错。但是，为了支持你的体育运动以及你的生活，凯利建议人们进行动态修行。

　　凯利的问题背后的动机和凯利对其的重视，很好地将我们的讨论引入精英健身的精神层面。因为，正如凯利建议你应该找到一种支持你和你的体育运动的动态修行，我建议你找到可以起到同样作用的精神锻炼方式。所以我向你提出的第一个问题是：你进行过精神锻炼吗？

　　尽管强调心理、身体和精神的价值和重要性而不仅仅是心理和身体似乎有些奇怪，但我认为这三者不仅仅是天作之合，而且是最佳的融合。没有对精神的锻炼，你就不可能获得最佳的运动表现。此外，为了在健身房中，甚至在生活中表达你独一无二的人生目的并达到最佳表现，专心致志的精神锻炼至关重要。

　　因此，让我们以锻炼为背景切入一个简单而实际的示例。当身体训练变得极其困难并带来不适感时，你将如何继续进行？当你正在进行一项特别难的训练时，你脑海中有一个消极的声音暗示你是时候放弃了，你该怎么办？在任何具有挑战性的环境中，无论是在生活中还是在运动中，当一切事物都站在你的对立面时，你如何坚持个人信念并继续前进？走出健身房，你将如何应对生活给你带来的挑战？当遭受损失、灾难，甚至悲剧时，这些终极困难作为人生的一部分，变成了你的试验场，你将如何继续坚持自己的人生道路、志向和目标？在人生中，我们常常需要培养和依靠的力量实际上在我们的精神领域。

　　那么对于长期的考验呢？是什么赋予我们在第8章中所讨论的人生目的以力量，使你可以在几周、几个月甚至几年内保持自律？是什么始终让你充满能量地应对你决定面对的一系列挑战，例如交叉训练精英健身计划？每个人几乎都能熬过一次训练，但是 10 次呢？ 100 次呢？ 1000 次呢？你想要从这些追求中真正获得什么？可能不仅仅是 6 块腹肌和吹牛的权利吧。我们选择接受的真正有价值的人生挑战存在于我们的内心深处。这些挑战是我们精神的食粮，更靠我们的精神逐渐壮大。我们在运动场上、健身房里和人生中寻求的大多数挑战，都在于充分认识自己以及自己的能力。

在人生中，我们常常需要培养和依靠的力量实际上在我们的精神领域。

超级马拉松这项运动，是一项持续进行约 160 千米以上的跑步的活动，近年来逐渐受到人们的欢迎。为什么这么受欢迎呢？为什么要连续跑 24 小时，甚至更长时间？其原因并非是为了身体健康，所获得的结果也不是身体健康。毕竟，超级马拉松并不是能够直接改善身体健康状况的运动项目。实际上，它会对肌肉、骨骼和身体中的化学反应造成很大的压力。

那为什么人们还要参加？正如许多跑步者会告诉你的那样，参加超级马拉松的吸引力来自精神层面。在比赛的某个时刻，身心都疲惫不堪，最后比赛几乎完全变成了一次对精神的锻炼。我和许多"心训练营"参与者有着同样的经历，我们在近 50 小时无休止的体育锻炼的过程中身心都遭受折磨，也会遇到这种情况。在某个特定的时刻，我们的感官和思想都会转向内心，这时力量、决心和内心的目的最终将为我们提供最需要的基础。

当然其他运动也会锻炼你的精神，特别是那些接触大自然的运动，例如冲浪、皮划艇、山地自行车和攀岩。

我尝试过很多这类运动，并且从 20 年前就开始练习武术并对瑜伽进行深入研究，我也从事着致力于保护和服务他人的职业。所有这些经历在我的精神领域中都占有一席之地，它们使我的精英健身者之路更加明朗，让我不仅成为一个更出色的运动者，而且变成了一个更加充实的人。

武术教学有不同的方法，我接受过各种训练，包括巴西柔术、空手道、以色列格斗术和合气道。我首先和父亲一起学习了合气道。我父亲反对暴力，因此毫不奇怪他会被合气道的核心课程所吸引，合气道强调的正是：不要用武力抵抗武力。

而现在，合气道对于我在执法领域的工作来说也是非常有价值的训练。实际上，这种训练最终将成为我从事警察工作时所用的方法的核心。理解合气道所主张的原则可以帮助提高我作为治安官的工作效率，同时最大限度地减少采用暴力措施的次数以及采用暴力措施所带来的危险，如防狼喷雾、警棍或枪支。

作为我对精神锻炼的一部分，我奉行宽恕和善意等价值观，这也是我父亲鼓励我学习的观念。但同时我也在努力寻找方法来解决非暴力原则与执法工作之间的矛盾，因为在执法中，暴力对抗是很难完全避免的。

解决这一矛盾并不容易，在我从事执法工作的前几年，这种矛盾影响了我的工作表现。我感到忧虑和恐惧，尤其是在追击身体强壮或吸毒的假释犯或犯罪嫌疑人时。当我面对那些无所畏惧的人时，这种恐惧支配着我。这些人觉得自己再无可失，宁愿冒生命危险也不愿回到监狱。我所经历的恐惧与身体伤害关系不大，更多的是因为害怕违背我的价值观，而我的信仰潜移默化地造就了我的价值观：爱邻如爱己。

2003 年左右，在我参加交叉训练的早期，格拉斯曼教练谈到了武术训练可能对这个训练有举足轻重的作用。也是在这个时候，我在空手道的学习中接触到了武士及其独特的东方文化。有两本书对我有深远的影响：《孙子兵法》和宫本武藏的《五轮书》。

尽管这两本书的标题给人的印象是关于战斗和使用武器实施最大程度的暴力，但其实这两本书更多地是在介绍战略以及如何在不用一兵一卒的情况下赢得战斗。我后来开始理解，瑜伽和某些武术的精神境界与这两本书处于同一脉络中。

宫本武藏在《五轮书》中写道："在兵法中，必须时刻保持恒常之心。即使在决斗时也应保持平常练习时的心态，不要有任何改变起伏。"

镇定、平静、安宁和精神平衡——宫本武藏的哲学鼓励在精神基础上塑造身心技能。

这两本书的读者群绝不仅仅是军事人员。对于希望在自己的工作中做到最好的企业领导人、教练和运动员来说，书中的理念同样具有巨大的价值。

我将这些理念运用到我个人和职业的经历中，从而发现这些在几个甚至几十个世纪前发挥作用的理念至今仍然受用。在担任治安官时，我越理解和实践这些原则（镇定、平静、安宁和精神平衡），每天巡逻时我就越能将和平的原则用于可能成为暴力相交的情况。通过有意和习惯性地将对精神的锻炼纳入我的日常生活中，并结合我的身体、心理和精神训练，我发现自己不再被恐惧所束缚。我也并没有因为心理失衡和迟疑而耗尽自己的意志力和能力。

在这种新的身体、心理和精神融合的状态下，我战略性地开展工作。与其等一触即发的局势突然转化为暴力，我不如主动约见罪犯头目，一对一地与他们进行诚实直接的对话。这种方法特别有效，我的诚实和直接让他们也做出了同样的回应。这种方法常常有能力名副其实地让我的敌人解除武装。在这种新的策略下，往往在双方还没来得及开口说出一个挑衅词语时我就已经赢得了战斗，更不用说握紧拳头或拿出武器了。

当我不得不使用武力保护自己或逮捕一名想要反击的罪犯时，我没有恶意或暴力意图。相反，出于爱和我对入职誓言的坚守，我依靠技巧、手段和策略来克服最强烈的反抗，而不会伤害自己或他人。我的心理、身体和精神融为一体，让我在职业生涯中取得了积极且成功的结果。

你可能会，也可能不会在自己的生活中面对这种特殊的危险，但是让我向你保证，无论你面临什么样的战斗和挑战，在你的健身训练中，将对精神的锻炼作为重点，就像在你的周围创造能量场一样。精神锻炼有助于将以下这些都紧密地联系在一起——艰苦的锻炼、你的目的和日常的自我对话，将这些练习统一为一个强大的健康和人生训练系统。

抬起头来！

出色的交叉训练明星运动员和教练安妮·坂本是我的朋友，她有一种简单的技巧，可以在严格的训练和比赛中使用。这是凯利·斯塔雷特也谈及过的一种动作和姿势的原则，这种原则暗示了身体、心理和精神是一个完整的整体的本质。

安妮的决心和求胜的凶猛势头使她成为传奇，她以一个奥林匹克体操运动员所拥有的能量和精神去参加训练。当她为突破极限而努力时，一波因新陈代谢引发的疲劳猛烈地冲击着她，她拒绝低下头、将手放到膝盖上或其他任何表示"我投降了"的身体姿势的诱惑。相反，如果被迫休息，她会以非常可控的方式休息，并且始终保持强势的身体姿势。这种简单的原则对她的决心、能量和力量有很大的影响。她已经意识到，她恢复体力时选择的身体姿势是非常有效的。如果身姿垮下来，精神就随之萎靡；昂首挺胸，你的精神就一同昂扬起来。

宫本武藏在《五轮书》中谈到了这一策略："至于身形，要做到头不偏不倚，既不高昂，也不低垂。"你可以在你的训练中也采用这种简单的技巧。当你保持带有力量和能量的姿势和体势时，将注意力集中在自己的能量、镇定和力量的流动上。

第14章

塑造力量与适应能力

设立大目标，进行艰苦的训练，朝着自己的目标积极迈进：这些都需要大量的力量和强大的适应能力。在训练中融入精神锻炼，会帮助你在身体训练之路上突然遇见障碍和压力时发掘内在的力量。

在本章中，我们将讨论一些简单而直接的方法，你可以将其加入训练计划中，这样你就可以通过训练获取精神锻炼的益处。

磨炼力量和适应能力的最简单却有效的技巧是那些旨在减轻压力的技巧。应对压力是为了放松身体和平静内心，从而增强你的精神力量并且有助于训练。

大多数伟大的书籍都教导人们，苦难的根本原因是将想法倒退到过去或将其投射到未来。因此，其解决方法是训练心理，使其专注于当下的时刻。但在冥想的过程中，思想脱离当下的倾向会变得非常明显。确实，将注意力放在当下似乎比难度最大的体育训练还要更难。在许多方面，学习"训练内心"比学习"训练身体"更具挑战性，也更重要。

其解决方法是训练心理，使其专注于在当下的时刻。

在军队服役和从事执法工作时，我注意到，我非常容易将自己的想法投射到未来并担心可能发生的事情。在这些时刻，由于我的心理在创造未来而没有影响当下的时刻，所以我没有意识到自己的身体和呼吸。结果，我的身体变得紧绷，呼吸很浅，这只会夸大我的心理感受。学会活在当下，使心理与身体和呼吸保持一致，这是一种强大的精神锻炼方法，可以对你的身体训练、职业和生活产生深远的积极影响。

活在当下，能够帮助你了解什么是永恒的，以及什么是短暂的。当我们保持沉默并开始见证我们的想法时，我们唤醒了我们称为"伟大见证者"的那部分意识。在我们的想法和伟大见证者之间留出一点空间的能力，有助于我们辨别我们将注意力集中在哪里。你的想法就像一块巨大的放大镜，因此你所专注的事物在生活中会被放大。当你专注于问题时，问题只会加剧。但是，这里的真相是，在大多数情况下，我们所关注的问题是我们对情况的感知，而不是情况本身。一切始于我们的心境。

强大的精神锻炼有助于培养你在当下应对压力的能力，因为这种压力源自你的意识。像精英健身者一样承受压力，意味着压力一出现你就能立即在战场上战胜它。在这种情况下，这种压力实际上可以变成一种逐渐变得强大的经验，并有机会训练自己活在当下。

呼吸是另一种有价值的工具，它将使你时刻活在当下。观察呼吸的练习可以增强呼吸稳定性，并帮助头脑发现当前可以采取的行动和需要解决的对未来的幻想或对过去的记忆。

在瑜伽中，我们将意识带到呼吸的 4 个部分：吸气、吸气后的屏息、呼气和呼气后的暂停。吸气时，应长时间缓慢而轻轻地深吸一口气，让空气均匀地滋润身体各处。吸气时将能量从大气中吸收到肺部细胞中，并使我们体内的生命力重新焕发活力。通过吸气后屏息，能量被完全吸收并通过血液循环遍布人体的所有系统。在呼气过程中，气体的缓慢释放会带走精神和身体上累积的毒素。呼气后的暂停会带来当下独有的舒适感，这样可以清除心理压力，并自然而然地将思想留在当下。

当你继续将注意力集中到呼吸的内在运动，并能敏锐地察觉呼吸的 4 个部分时，你的意识就会变得无法依附于外部感官、过去或未来。即使意识完全留在当下的瞬间极为短暂，但也足以放弃对过去的执着，或摆脱来自未来的诱惑。呼吸冥想是将思想从外部世界撤回的一个强有力的步骤，它使你从记忆、计划、挣扎或关注未来的倾向中抽离出来。

让我们以健身为例，看看如何将思想从外部世界撤回，这可以帮助你从体育训练中获得满足并受益。在我早期参加交叉训练时，当格拉斯曼教练走近白板并开始写下每日训练（WOD）时，我会感到很有压力，也非常焦虑。因为我不知道他将要发布什么样的指令，所以我的脑海里充满了"假设"的场景。我的身体和呼吸试图跟上我的想法，结果，我的身体变得紧张，呼吸也变得急促。虽然我对即将面临的训练的未知性感到很有压力，但我注意到我的训练搭档劳埃德·刘易斯总是看起来很平静而不受影响。我渴望知道他的秘诀，有一天早上我问他："劳埃德，兄弟，我对即将进行的训练感到特别有压力，但你为什么能这么镇静呢？"劳埃德的回答是我所获得的最深刻的见解之一："这很容易，兄弟，我只是将注意力集中在我可以影响的事物上。"在那一刻，我意识到了在健身和生活中始终要专注于当下的重要性的原因。当我们的思想跳到未来，或者退回到过去时，我们会陷入困境，因为我们的身体处于当下的时空，而我们的思想却在别处。而且由于我们处于当下的时空，所以我们只能影响当下。那么是什么永远存在于当下呢？我们的身体和呼吸。这就是我们保持对自己的呼吸和姿势的意识如此重要的原因。我们的身体和呼吸就像是我们精神的船锚，帮助我们稳定地停留在当下。

实践证明，以清醒而沉静的头脑专注于当下，将有助于你的运动表现。前海豹突击队队员柯克·帕斯利博士与现役海豹突击队队员就健康和表现展开合作。他曾经讲过，如果你的思想产生微不足道的想法和浪费时间的决定，你的表现和意志力将被消耗掉。帕斯利说，一夜安眠后，早晨醒来时我们充满了意志力。但是，如果你要做的第一件事是拿起手机并开始翻看电子邮件，那么你就已经在开始浪费你的意志力能量。甚至看似微不足道的干扰和决定也会逐渐耗尽这一关键能源。帕斯利博士讲授的科学理论对我来说是有意义的。例如，我敢肯定，我在营养方面取得成功的原因之一就是我对营养进行了结构设计，从而在早期尽可能多地做出决定，并把它变成常规事务和习惯。养成带有目的性的习惯和过程，使你留在当下，并通过呼吸和冥想来避免不必要的压力以及保持内心安静，这能够让你将每天的意志力用在你真正想要做的事情上，最终将会带来巨大的回报。交叉训练精英健身就能发挥这样的作用。

呼吸

在第 15 章中，我们将更深入地探索瑜伽的练习方法和益处，现在让我们先从瑜伽中的一些呼吸技巧开始学习。这些呼吸技巧本身就是冥想，使用这些技巧可以消除你的心理和身体压力，并用精神能量取代压力。

你可以在平时沮丧的时候使用这些技巧，例如在杂货店里排长队或在高速公路上遭遇交通拥堵时。此外，这些技巧在具有挑战性的锻炼中或在面对人生的挑战时都能产生奇效。

我坚信健身房、瑜伽馆或武术道场是适合我们训练达到人生最佳状态所需的技能的好地方。身体训练是你坚持练习呼吸的绝佳机会，在训练开始前练习呼吸以使你的思想进入当下的时刻，准备并集中精力尽最大努力完成训练。当消极的想法不可避免地在艰苦的训练中悄悄潜入时，这些方法也很有用。有效的呼吸技巧可以"从你的脑海中吹走消极想法"。然后，你可以使用积极的自我对话和充满力量的话语来充满这个空间。此时你将获得多方面的益处：你将提高训练的效率，并在日常有压力的时刻，建立并强化你想要养成的习惯。

以下是我最喜欢的呼吸技巧。要掌握它们需要一些练习，但是你很快就会发现自己能很自然地运用这些技巧来呼吸。

盒式呼吸

当我以美国缉毒局新特工的身份被派往加利福尼亚州埃尔森特罗的第一个工作地点时，我有机会聆听了著名作家和教育家大卫·格罗斯曼上校的讲座。大卫是一位退休的陆军突击队队员，由于他坚持教导人们心理的力量和特定呼吸练习的益处，所以他在战士职业领域备受尊敬。在讲座中，大卫解释了他称为"战斗呼吸"的呼吸训练法，在这个呼吸练习中，你需要按照"数4下"的方法，帮助你的头脑镇静下来并触发身体的副交感神经系统。该系统被称为"休息和消化"系统，与大多数执法和军事人员需要处于受交感神经系统支配的状态形成鲜明对比。交感神经系统，经常被称为"逃跑或战斗"系统，是为面临生存问题的情况而准备的。当我们必须亲自保护自己或他人免受人身安全威胁时，此系统绝对有必要开启。但是，由于心理的作用，如果我们担心未来或试图改变过去发生的事情，我们可能会无意中保持这种状态。而"战斗呼吸"技巧将思想集中在当前时刻，从而带来渐佳的放松、镇静和专注状态。

虽然我喜欢这次讲座，但我并没有继续练习这项技巧，并很快忘记了格罗斯曼上校教授的重要内容。值得庆幸的是，我在2010年参加"心训练营"期间又得到了一次学习和实践这项技巧的机会。在残酷的、不间断的健美操和冷水浸泡测试的前10小时中，退休的海豹突击队指挥官马克·迪万作为《海豹突击队成功之道》的作者，向我的队员教授了呼吸的基本技巧，这与格罗斯曼上校讲授的技巧相同。马克将其称为"盒式呼吸"，我喜欢这个名字，因为去想象通过呼吸画出一个盒子对练习来说非常有帮助。我致力于每天练习盒式呼吸，并在使用该技巧的短短几周内，即使是在艰苦的体育训练中或在美国缉毒局执行危险的任务时，我也能找到逐渐增强的内心平和意识和专注当下的能力。

盒式呼吸很容易学习，而且你现在就可以开始使用这个技巧，盒式呼吸的技巧如下。

通过鼻腔吸气的同时数 4 下……
数 4 下屏息……通过鼻腔呼气的同时数 4 下
……数 4 下屏息。进行 4 轮呼吸。

鼻孔呼吸与战斗呼吸法或盒式呼吸法相结合，还会带来其他益处。鼻子中的毛囊有助于加热或冷却空气，并在进入肺部之前净化空气。鼻孔呼吸倾向于将呼吸"拉入"下隔膜，让空气从下至上充满肺部。最后，鼻孔呼吸还触发了副交感神经系统。

进行 4 轮盒式呼吸后，请注意你的心理和身体的感受。你会发现，身体和思想的压力逐渐消失，能量被吸入肺部并遍布全身。当你将注意力集中在呼吸运动上时，请注意你如何与当前时刻保持一致。

在接下来的几天中，每当你因积累压力或潜意识的消极自我对话而感到体温升高时，请切换到盒式呼吸模式。当正能量、信念和乐观情绪涌入时，你能感受到挫败感和焦虑感正慢慢消失。

高级呼吸技巧

以下是几个更加高级的呼吸技巧。盒式呼吸是一项必不可少的技能，可以增强你在心理和精神领域的力量。如果将其看作是身体训练中的深蹲，那么下面的技巧更像是手倒立俯卧撑和过头蹲。这些技巧更高级，练习和培养这些技巧将带来巨大的益处。这些呼吸技巧来自阿斯汤加瑜伽，是用梵文撰写的。

鼻孔交替呼吸

慢慢呼出肺部的所有空气。用右手的拇指按住右鼻孔，然后从左鼻孔缓慢而深入地吸气。用右手无名指按住左鼻孔，放开拇指，然后通过右鼻孔呼气。通过右鼻孔吸气，用拇指将其堵住，然后通过左鼻孔呼气。这是一轮，每次进行 10 轮呼吸。

长呼气呼吸

正常吸气，然后尽可能缓慢而平稳地呼气。专注于呼气，使呼气持续更长时间、平稳且微弱。再次正常吸气，然后开始另一轮呼气。每次进行 10 轮呼吸。

长吸气呼吸

正常呼气，然后尽可能缓慢而平稳地吸气。专注于吸气，使吸气保持更长时间、平稳且微弱。再次正常呼气，然后开始另一轮呼气。每次进行 10 轮呼吸。

基础冥想

在瑜伽和武术中，冥想是一门学问，它可以使你的内心平静下来，增强精神领域对自己和周围自然环境的意识。从自然科学角度来看，冥想还有其他好处：越来越多的人通过冥想来提高认知能力并减少压力的负面作用。冥想作为一种提高注意力和认知能力的方法，从精英军队到硅谷的首席执行官，已经广泛地征服了一代人。正如你将在 21 天交叉训练精英健身计划中看到的那样，冥想是你日常训练的重要组成部分之一。在交叉训练精英健身计划的背景下，冥想可带来"连接"或"整合"元素，最后将心理、身体和精神联系在一起。在冥想中，你可以知行合一，并使自己的思想湍流平静下来。虽然每天只有几分钟的沉默和寂静，但对训练和生活的质量都会产生巨大的影响。

定期进行冥想练习对你的训练有一个直接的好处就是培养意志力。在日常训练中充分利用无穷无尽的内在力量，可以带来更好的运动表现、更多的力量和耐力。

假设你深入进行了 7 分钟的高强度训练，这时你已经完成了一半，并到了新的循环，将从 25 次壶铃甩摆开始，你感觉时间过得很漫长，你的呼吸速度和心率飞升。在你的脑海中，一个悲观的声音正在试图吸引你的注意，它试图诱导你放弃。在此时，你可以发挥冥想训练的作用，帮助你释放消极想法，将其视为一件普通的事情而不是一股真实的力量。这种区别看待是你防止恐惧和压力加重并打败你的方法。在精锐的警察和军事部门中，这被称为"觉醒控制"。当你正处于激烈的战斗中时，你的身心都面临着极大的挑战，这时你保持镇定和稳定的能力对于你的表现至关重要。同样的道理也适用于你的日常训练。当你开始到达极限时，保持自己的状态并努力坚持下去而不会被恐惧和压力所征服，将帮助你在最大程度上有所收获。

体验冥想益处的最好方法之一，就是意识到我们的能量并见证每次呼吸的质量，我们倾向于从冥想的外在意义上来想象能量产生。但是，当你在冥想中变得安静时，一个全新的世界会向你敞开，这时你更能意识并感知到心理和情绪之间的紧密联系。在每一天里，我们倾向于关注经过我们视野的外部对象，这让我们的能量被外部世界所吸引。不幸的是，当我们专注于外部世界时，心理往往会拒绝变化，想要努力控制我们的外部环境，而忘记了外部世界处于永恒变化的状态，并非我们所能控制的。冥想有助于逆转这种心理依附于外部世界的趋势，并让我们的生命力逆转为从外到内流动。通过稳定的练习，冥想会产生深远的和平状态，因为我们意识到我们内心的广阔宇宙是我们长久在外界寻求的一切之源。

在一节高级冥想课程中，瑜伽大师罗尔夫·盖茨解释了这种冥想效果的直观表示："当你坐下，闭上眼睛并安静下来时，沙子开始沉淀，水将变得清澈。" 换句话说，无反应和无行动使我们安定下来，在这种安定的状态下，我们的思想变得清晰起来。

但需要注意的是，冥想不一定等于无想法。简单地说，冥想是你将注意力重新放到冥想上的过程。例如，你可以选择专注于呼吸。以这种方式，你坐下，闭上眼睛，安静下来。你开始培养作为见证者的自己，并观察自己的呼吸。本质上，你见证着自己深吸一口气，见证着自己屏息，然后见证自己的呼气，接着再次见证自己短暂的屏息。在你完全是你的呼吸本身的那一刻，你正在冥想，深刻的和平意识就是你的自然状态。

有时候这说起来容易做起来难。你的思想可能会有这样的趋势：你深吸一口气，然后想，"我锁好车了吗？"思想一下子就跳离了冥想的预期关注点。但是，你的任务不是将这种体验视为消极的事情，而是简单地注意到它并慢慢地让意识回到呼吸上。通过这样做，你可以抵制负面评价自己的欲望，阻止消极的自我对话或批评。然后，你就能重新回到正常状态。

除了观察呼吸的感觉体验之外，我还经常采用另一种冥想技巧：

在我的脑海中重复祷语。祷语冥想是美妙的过程，因为这能使思想集中去享受这一活动的自然状态。例如，你的思想倾向于从一个想法跳到另一个想法、从一个观点跳到另一个观点、从一段记忆跳到另一段记忆，然而通过引入一个祷语，思想就会围绕这个词定下来，一遍又一遍地重复，直到思想变得更加敏锐。在这种冥想中，你通常会体验到想法之间的内在安静，或者如著名作家和冥想倡导者迪帕克·乔普拉所说的是"滑入想法之间的缝隙"。老师们会向你传授的伟大智慧是，思想之间的空间是纯意识的空间——你可以直接体验思想、纯粹的潜能和精神的无限本质。在瑜伽中，通常会使用"Om"声音的祷语，而我童年在天主教堂的经历告诉我，我们会反复默念"Amen"。

　　我建议每天早上至少花 10 分钟，晚上花 10 分钟进行冥想。冥想已经融入交叉训练精英健身计划的日常训练中，在许多方面，冥想会把心理、身体和精神实践结合或整合在一起。作为综合练习的一部分，我自己的冥想练习包括 4 轮盒式呼吸和 5 轮鼻孔交替呼吸。尽管我一生中每天都花不同时长练习冥想，但进行两次时长为 20 分钟的冥想能让我取得最大的收获。

第15章

瑜伽：身体和精神的锻炼

我第一次接触到瑜伽的方式很特别，不是在安静的瑜伽馆，而是在由马克·迪万创建并举办的"心训练营"。

　　"心训练营"要求敢于报名的身体良好的营员50小时不眠不休，旨在让他们在身体和心理上都筋疲力尽。一旦参与进来，所有营员都被要求开始发掘自己的内心，其方式就是证明我们所有人都能够比我们自己认为的优秀20倍。

　　2010年我报名参加了这个训练营，在经历了47小时不停的身体强化训练后，我们按照指令换了干净的衣服并在马克的总部瑜伽室集合。

　　我们盘腿坐在地上，马克走进来，向我们解释了最后的训练：在经过了久经沙场的海豹突击队骨干队员的不断评估后，我们被要求保持清醒和专注，并按照马克的指导进行了两小时的瑜伽课程。具体来说，我们跟着马克练习了战士瑜伽，马克称之为"心瑜伽"。"心瑜伽"是马克根据阿斯汤加瑜伽改编而成的，其着重于培养呼吸意识，改善脊柱健康，增强专注力和直觉力，培养战士精神。

　　在接下来的两小时里，我们尽全力跟随马克练习了传统瑜伽体式。我全身汗流直下，对这些体式的难度感到震惊，也对之前47小时无休止的动态训练与瑜伽的静态和安静之间的鲜明对比感到惊异。我的身体在战士1式和战士2式之间有节奏地变换，我感到内心产生了无法描述的放松感，仿佛一股沉睡的巨大力量被唤醒。我知道在"心训练营"结束后，我会更多地去了解瑜伽。

　　在经过了漫长的站姿体式、平衡体式、倒立体式和扭转体式后，最终，马克指导我们仰卧在地面上，完成最后的放松体式即仰尸式。我感觉很美好，因为我和其他营员都认为我们已经成功完成了全部训练。

　　尽管海豹突击队的教导员们警告我们在战士瑜伽中要保持清醒，但马克向我们保证大家在仰尸式期间可以放松下来，让之前2小时的瑜伽练习平静地融入自己的身体。请注意，那时我们已经经历了连续47小时不眠不休的训练。于是，我闭上双眼，在几秒钟内，我和其他18名"心训练营"的营员就在瑜伽室的地板上酣睡起来。

　　这是个骗局，训练远没有结束。海豹突击队的教导员们在瑜伽室外面聚集，就像大黄蜂一样埋伏在外面，等待所有营员睡着。就在鼾

在"心训练营"中，通过马克·迪万，我认识了瑜伽。从此以后，在我自己的精神训练中，瑜伽一直具有指导作用。

声响起后，教导员们冲到瑜伽室里，将几桶冰水泼到我们身上，并大喊："你们居然敢睡着！马上给我起来训练！"

他们粗暴地叫醒我们，然后接下来又是两小时残酷的伐木训练、体操、冰浴和溺水训练。我们所有人最后终于听到了那句梦寐以求的话："'心训练营'第12期学员，你们解放了！"

之后，我向马克讲述了瑜伽给我带来的启示和体验。马克告诉我："格雷格，真正的战士必须既能熟练地行动，又能精于不动，静态和动态的技巧都要掌握。这就是瑜伽的好处——你能够同时练习二者。"

正是受到瑜伽的吸引和启发，我开始了6年的自我探索之路。

瑜伽的多层益处

没有人能够确切地说出瑜伽出现的时间，学者们估计瑜伽于5000至10000年前在某处出现。我们能够确定的是，瑜伽最初被发明的目的不是为了打造健美身材，但瑜伽的起源却与武术有着千丝万缕的联系。瑜伽，意思是"组合""连结"，可能是史上最早被发明的身体、心理和精神训练方法。瑜伽的实用价值之一是能够让冥想者的身体保持更长时间的坐姿。

瑜伽不仅是深度的精神锻炼，也为身体带来了多种重要的益处。

身体意识。瑜伽能够让我们深刻地意识到身体如何在空间和时间上移动并感知外界。练习瑜伽时，我们的意识转向内心，同时，我们加深了对身体的直觉。同时，我们培养了内心的平静，这种平静潜移默化地影响着身体健康的各个方面，包括提高运动质量和运动技巧。

塑造核心。在瑜伽中，我们能够深入而完整地塑造核心，我们学习在动态动作中如何扎根于大地。

身体平衡。瑜伽中的平衡体式从思想开始，然后通过核心延伸，扎根于大地。瑜伽中的平衡超越了典型的运动平衡，能够带来优美的动作、完美的节奏感、流畅的动作和增强的空间意识。

灵活性。通过瑜伽体式，我们可以做到深度扭转、弯曲和伸展，这样能够提高所有运动关节的活动度和灵活性。

脊柱健康。瑜伽的站立和弯曲体式的延长作用会增大脊柱椎骨之间的空间，从而减少许多与损伤有关的症状。

专注力。瑜伽加强了我们对事物的专注力，增强了我们协调身体活动与活动中的呼吸的能力。瑜伽一直被称为"移动专注练习"。

我进行瑜伽练习的前三年真实反映了我最初三年的交叉训练经历。我热爱练习瑜伽时的身体状态，感受着我的身体通过瑜伽体式活跃起来。我和马克之间的友谊与日俱增，他耐心地指导着我进行瑜伽练习。我将15分钟的瑜伽体式系列加入我每天的交叉训练热身运动中，在休息日，我会练习更长时间（约60分钟）的瑜伽。

随着我不断练习，并试图更好地理解瑜伽的精神层面，我很幸运地得到了罗尔夫·盖茨的指导。罗尔夫是一位著名的瑜伽修行者，他举办过工作坊、研讨会和教师培训，并在世界各地举办讲座。2014年，我有机会在圣克鲁斯县参加罗尔夫工作室举办的200小时瑜伽教师训练课程。罗尔夫曾是美国陆军突击队队员和陆军上尉，这使我对他的瑜伽风格和教学方式产生了兴趣。考虑到他的背景，我预料他会带着我进行强劲的身体练习，与我向马克请教的时候相同。但是，罗尔夫对我的瑜伽练习的最大贡献是，让我进行了一场内心的深度修行。以下是罗尔夫告诉我的一些见解。每次打开瑜伽垫练习瑜伽时，我都会着重于训练以下这些可以完美地融合心理、身体和精神的能力：平衡、轻盈、伸展和存在。

平衡

曾经有一段时间，我认为一条真正的精神道路有必要拒绝世界，拒绝生活中的责任、承诺和义务。但是，罗尔夫帮助我理解了精神守望者面临的更大挑战——生活在这个世界上，这期间他经受了所有的考验和磨难，但同时他又能保持平衡和自我控制。因此，罗尔夫教给我的瑜伽的第一个精神层面就是平衡。

通过坚持练习瑜伽，人们可以在身体两侧之间建立起完美的平衡，并且在心理、身体和精神之间取得平衡。身体的平衡不仅仅意味着可以单脚站立或倒立，它是指在生活的各个方面形成平衡：工作与休息之间的平衡，工作与娱乐之间的平衡，自我学习和与他人相处之间的平衡。无论你处于哪种瑜伽体式，或者在生活中遇到什么挑战，关键都是要建立平衡。

平衡还可以帮助你活在当下，因为平衡本身就是处于当下，即此处和此时。当你全神贯注时，通过保持身体的平衡来延长你的意识，你就会活在当下。身心达到稳定平衡的状态时，就没有过去，也没有未来，只有当下这最完美的平衡状态。你的思想将你投射到未来，你就会计划未来、担忧明天、琢磨将来。你的记忆将你带到过去，你就会重温回忆、重播记忆、悔恨当初、重演旧事。但是，当你的精神均匀地传遍整个身体时，如在平衡瑜伽体式中所必需的那样，你自然会扎根于当下。在最初短暂地完全进入当下意识后，经过训练，精神可以更频繁地、更长时间地回到最幸福的当下状态。

轻盈

正确地完成奥林匹克式举重或壶铃甩摆时，在举起重物的过程中你会体验到轻盈的感觉。在瑜伽中，身体的运动应该平稳，你的心里也会逐渐产生轻盈、开放和自由的感觉。对过去或将来发生的事感到后悔和忧虑，对心理而言是沉重而难以负担的能量。但是，伴随快乐和幸福的轻盈感对心理来说很轻松。通过将轻盈的感觉传遍整个身体，相同的感觉也会扩展到大脑，由此与之相关联的幸福感、忠诚和勇气等感情将得到表达。轻盈是通过在所有瑜伽体式中从核心向外伸展来表达的。在瑜伽中，伸展的反义词是佝偻，它像抑制剂一样作用于身体。瑜伽中脊柱的主要功能是保持头脑敏锐、警觉和清醒。为保持这种功能，不论是在所有瑜伽体式还是生活中，脊柱都必须伸向天空。通过瑜伽实现脊柱的打开状态和身体直立姿态能够带来身心的轻盈感，我们开始"感觉更轻松"，同时也为我们的生活投射了更多的光明。

伸展

瑜伽体式的目的是从自我的核心延伸到身体的四肢和外围，从头部到脚后跟，确定你的身体中心，然后从这个中心向各个方向延伸和扩展。瑜伽中的伸展意味着同时延伸和扩展，这样就产生了空间。这一空间让身体的关节和肌肉获得了自由，并让头脑更自由地发挥创造力。瑜伽中的伸展还可以教你如何在体式中建立充实感，而每个体式的充实感则可以教你如何在生活中找到充实的状态。

存在

你在瑜伽体式中与身体和呼吸相处的方式就是你与生活相处的方式。每个瑜伽体式都是生活的微型课堂，它们会持续为你带来学习的机会，直到学会为止。同样，生活也会持续为你带来学习的机会，并不断地增加其体量和强度，直到学会为止。

在瑜伽中培养存在意识有三大关键点。这三大关键点是相互补充的，每一点都以和谐的方式出现在当下永无休止的过程中。

1. 反复不断地与当下保持一致。

2. 不要对当下做出反应，释放你想要建立控制状态或希望事情有所不同的思想倾向。

3. 培养对此时此刻的同情心。将事情看作是为你而发生，而不是发生在你身上的。对此时此刻抱有同情之心，因为宇宙为你提供了成长的机会。

第16章

战士瑜伽

瑜伽有很多版本和诠释方法,在这些版本中,瑜伽体式大致都相同,但是瑜伽老师创建了不同形式的练习,以服务于不同的人,并满足他们各不相同的需求。

我自己设计的瑜伽是战士瑜伽(Satvana yoga),用于配合交叉训练精英健身计划练习。在战士瑜伽中,我们身体的练习被称为"Satvanaga"。这个词源自梵语中的词"Satvana",意思是"战士",梵语中的词"yoga"是"组合""连结"的意思。

从身体训练的层面来看,练习战士瑜伽让你能够清晰深刻地理解身体如何在空间和时间中移动。通过专注的练习,学员的意识转向内心,用熟练的技巧和敏锐的感觉,锻炼聆听和感知自我的能力。专业的教师能够更深入地感知到自己的直觉和认识。在此基础上,内心力量能够表现在身体训练的目标上,从而逐渐提高动作的质量、熟练度和美感。

在内部层面,战士瑜伽让学员们向内挖掘更高的自我、人生目标和精神境界。

本书的目的仅仅是向你展示如何开始的方法,并以一个小而完整的训练吸引你加入,因为我明白你可能刚开始没有那么多时间投入。

但我每天只花 15 分钟练习瑜伽(在周末我会延长练习的时间),就能够从中获得巨大的收益。因此,即使你的空闲时间更少,但如果你坚持不懈,也会收获巨大的益处。

多年来,我逐渐意识到质量优先于数量的原则,在瑜伽的练习上,这个原则更真实不过了。此外,理解"练习瑜伽"中的"练习"一词也很重要。当你进行交叉训练精英健身计划里的身体训练时,你是在"训练"。因此在遵循正确的关节活动度和技巧的同时,你要尽可能快地完成锻炼,从而获得相对强度所带来的益处。但是,在练习瑜伽方面,我希望你将注意力转移到身体内更细微的能量系统上。通过"练习瑜伽",我要求你超越锻炼的身体层面,进入心理和精神领域。因为瑜伽中的每个动作都与呼吸相关,所以瑜伽的练习会将你"吸引"到当下的时刻。当你的思想游荡时,只需回到呼吸和身体的下一个动作。在这种情况下,你正在练习当下的意识,并从满足、和平与安宁的感受中受益。

你可以按照接下来几页的说明练习战士瑜伽体式系列,这既可以作为每天锻炼前的热身活动,也可以作为早上起床后常规活动的一部分。在 21 天的交叉训练精英健身计划中，我每隔 4 天将这套瑜伽动作加入训练，将其作为积极休息和恢复的一部分。在这些日子里，你可以随意增加练习的次数（最多 5 次），每个体式保持 4 次呼吸。

战士瑜伽将你与更高的自我、人生目的和精神领域联系起来。

你应该缓慢地练习这些瑜伽体式，把注意力放在细节、流畅性、优美性和舒适性上。不要向任何体式施加不必要的力量，而应集中精力在用力和轻松之间取得平衡。然后，根据你自己的力量水平、灵活性和能力，从一个体式变换到另一个体式。在这个过程中，意识或注意力和呼吸均匀度比你的体式是否好看更重要。根据我所教你的呼吸顺序模式，进入和离开每个体式。如果你想长时间保持一个体式，请通过呼吸顺序进入体式，然后在保持体式时自然地呼吸。除非另有说明，否则一定要通过鼻孔吸气和呼气。呼吸应该顺畅、缓慢且深入，应该从小腹开始，完全充满肺部，然后上升至肩膀和头部。身体的运动应与呼吸互补，在这种情况下，呼吸应带动身体运动。练习瑜伽之后，以休息体式结束，要么完全静止不动地躺着，要么舒适地坐着，背部挺直并闭上眼睛。

下面，我以你能理解的方式描述了每个瑜伽体式，包括每个体式的起始姿势和体式之间的交换练习。但是，请记住，每个体式都可以单独练习。

拜日式

 从站姿拜日式开始练习。

1 山式站立，双手合掌置于胸前。双脚打开，与髋同宽，脚趾指向前方。双腿完全伸展，头顶向天空方向延展。双眼睁开，轻柔地看向前方。进行4次缓慢而深入的呼吸。这个体式是对内心伟大的灵魂的深刻尊敬，同时也认识和意识到每个人的内心都储藏着灵魂。

2 在开始第5次吸气时，双臂举过头顶，向头顶后侧伸展，胸部指向天空。身体后屈，找到自己感觉舒适的位置，或者只是双臂举过头顶，眼睛看向天空。进行4次深呼吸。

3 在第4次呼气后，手臂慢慢画弧线落下，指向地面，让呼吸带动身体移动，来到前屈折叠式。腹部向脊柱靠拢，激活股四头肌和腹部肌肉。双腿可微屈膝盖，以协助完成这个体式。重心均匀地放到双脚上。进行4次深呼吸。

4 在开始第5次吸气时，通过手掌按压胫骨来延长脊柱。屈背，此时脊柱的状态与硬拉动作中的相同。能量通过脊柱直线传递到头部。轻柔地注视前方。进行4次深呼吸。

5 第4次呼气时，回到前屈折叠式，让呼吸带动身体移动。进行4次深呼吸。

6 在第4次呼气后，弯曲膝盖，髋部下沉，吸气时伸展双臂向前，略高于肩膀，进入幻椅式。进行4次深呼吸。

7 在开始第5次吸气时，均匀地通过双腿伸展，回到山式。进行4次深呼吸。

下犬式

在这个体式中，你的身体呈倒V字形。双手略宽于肩膀，手指张开，手掌均匀地按压地面。激活股四头肌，肩胛骨带动脊柱向下伸展。脚跟落在地面上，或者灵活地抬起脚跟。这个体式最重要的是伸展挺直背部，如果需要，双腿可以微屈膝盖。头部和脊柱在一条直线上。

动作要点

集中注意力用双手和双脚主动按压地面，同时向上提起髋部。身体两侧用力，关注呼吸向上移动后穿过整个身体。

战士1式

双脚稳定地站立在地面上，双脚打开，双脚脚跟之间的距离为 1～1.2米。前脚脚趾朝向前方，膝盖在脚的正上方。后脚与踝关节呈45度角。骨盆向内向下旋转，肚脐向脊柱方向内收。通过腹部和背阔肌两侧的肌肉延展身体，胸腔内收。伸展手臂，放在头部两侧，通过指尖向外输送能量。眼睛坚定而专注地看向天空，通过呼吸将氧气均匀地充满身体。

动作要点

这是一个展现战士姿态的体式。该体式的身体姿态与其情绪和能量意图相匹配：勇气、服务、力量和决心。

通过双脚吸收能量，将能量聚集在核心处，然后通过双手向外放射。皮肤紧贴着肌肉，肌肉紧贴着骨骼。

战士2式

与战士1式相同，双脚分开1~1.2米，脚跟在一条直线上或略有偏移。前脚脚趾朝向前方，小腿垂直于地面，膝盖在脚踝上方。后脚与踝关节呈45度角。髋部打开，平衡地位于地面上方。后腿处于伸展状态，其外侧压实瑜伽垫。躯干直立，胸腔打开，肩部平衡地位于膝盖上方。手臂伸直，在双腿正上方。能量从双脚向上传递，通过指尖放射出去。保持骨盆内收，背部挺直，向脊柱方向收紧肚脐。背阔肌发力，每次呼吸时向外伸展。

动作要点

这个体式的意图是培养战士追求进步的决心，但同时又使其满足于当下。轻松地将注意力放在努力保持平衡上，找到力量和优雅相匹配的最佳位置。

战士3式

从战士2式开始，将重心移至支撑腿。支撑腿稳定地站立在地面上并伸直。支撑腿也可以微屈膝盖，逐渐朝完全伸直努力。后腿向后上方伸展，保持后腿发力。支撑腿保持稳定而有力。手臂向瑜伽垫前方伸展，能量以直线从后伸腿的脚后跟传递到脊柱，最后通过指尖放射出去。

动作要点

这是最具难度的战士体式。这是一个平衡体式，能够实现身体、心理稳定和注意力的统一。保持身体平衡能够帮助实现心理和情绪的平衡。

反转战士式

吸气，主导手向上向后移动，打开身体进入后屈姿势。后侧的手轻轻地放在后腿上或环绕在腰背部。眼睛跟随主导手的五指看向天空。

动作要点

反转战士式带动心和思想向上进入后屈姿势，意在寻找更高的自我。主导手继续向高处伸展。脊柱的力量保持在后屈姿势上。

侧角伸展式

从反转战士式开始，主导手臂放在大腿内侧，在这个体式中，主导手臂贴紧大腿内侧。主导手放在主导脚旁边。右侧髋部向后拉，移动至左侧髋部后方；同时右侧肩膀向后拉，移动至左侧肩膀上方。胸部打开，能量按照直线从主导手出发，经过胸部和心脏，通过向上伸展的手放射出去。

动作要点

想象在这个体式中，你的身体被禁锢在两片玻璃之间。从前侧看，你的身体一节一节地垂直堆叠起来，只占用了与髋部一样宽的空间。在这个体式中，保持髋部向上提起，感觉能量从后脚到后腿再到伸展一侧的身体呈一条直线流动。

反转三角式

从侧角伸展式开始，将双腿完全伸展。主导腿的脚趾朝向前方，右脚与踝关节呈45度角。双脚脚跟在同一条直线上，或主导腿的脚跟对准右脚的足弓。主导手臂指向天空，支撑手臂轻轻抵在后腿上，或者环绕在腰背部。能量从主导脚出发，穿过主导腿、髋部和身体的这一侧，通过主导手臂向外放射。

动作要点

双脚踩实瑜伽垫，从大地吸收能量，并通过伸展的手臂将能量放射出去。放开呼吸，抬头向上看。

打造坚毅的心理、身体和精神。
将在瑜伽中磨炼的品格投射到人生中：
纯粹—真实—平和—满足—自律—屈服—意志力，然后合十礼。
保持谦卑。
鼓励他人。

战士瑜伽系列体式

单独练习每个体式后，让我们将呼吸、心理和身体融合在一起，连续练习。

1 完成 4 次站姿拜日式。

2 在完成第 4 次站姿拜日式后，让呼吸带动身体移动，来到前屈折叠式。从前屈折叠式开始，双手爬行向前移动，进入下犬式。进行 4 次深长的呼吸。

3 在第 4 次呼吸即将结束时，左腿向前迈步，吸气，双手举过头顶，来到战士 1 式。后腿向外旋转，双臂向上伸展。保持 4 次深长的呼吸。

4 在第 4 次呼吸即将结束时，进入战士 2 式。保持 4 次深长的呼吸。

5 从战士 2 式开始，呼气时将重心向前转移到左腿，同时抬起右腿向后伸展，进入战士 3 式。双手向前伸展，将身体重心放在左腿上。保持 4 次深长的呼吸。

6 在第 4 次呼吸即将结束时，轻轻将右腿放在地面上，回到战士 2 式，重心向下沉，同时将左臂向天空伸展，右臂在腰背部环绕。由此进入反转战士式，保持 4 次深长的呼吸。

7 在第 4 次呼吸即将结束时，直接进入侧角伸展式，让呼吸带动身体移动。保持 4 次深长的呼吸。

8 在开始第 5 次吸气时，左腿向前伸展，左臂举过头顶，来到反转三角式。保持 4 次深长的呼吸。

9 在战士瑜伽系列体式结束后，向前迈右腿，回到山式，双手在胸前合掌。然后进行一组拜日式，从前屈折叠式进入战士瑜伽体式系列，开始身体另一侧的练习。

拜日式（1）

下犬式（2）　　　战士1式（3）　　　战士2式（4）　　　战士3式（5）

反转战士式（6）　　　侧角伸展式（7）　　　反转三角式（8）　　　山式（9）

第17章

21 天交叉训练
精英健身计划

下面我们就正式开始介绍交叉训练精英健身计划。

以下就是你的综合训练计划，这个 21 天综合训练计划会将你的心理、身体和精神融为一体，以使你保持良好的状态并取得持久的收获。

这些计划包含部分心理和精神练习，这些练习将辅助你的日常身体训练。将这些练习看成一条直线，就像是楼梯上的扶手一样带领你完成一天的任务。第一句话和冥想是开启新的一天的绝佳方法。这些练习将引领你走向成功，帮助你与更高的自我、独一无二的人生目的等相连。盒式呼吸和自我肯定语将帮助你将能量和意志力集中在当天的训练上。然后，在训练时，训练自己去关注你的呼吸，继续重复你的自我肯定语。当训练变得越来越艰难时，重新找回你的专注力，全力以赴达到你的目标，迎接即将来临的下一组训练。

你这是在培养自己的精英健身者心态：即使面对巨大的挑战，也要保持乐观的心态。你应该养成晚上写日记的习惯，记录进步过程中的感想，反思你在当天最大的成就，写下你所感激的三件事。在 21 天里，你会目睹自己在身体、心理和精神健康方面切实的进步。

如果你对在身体训练计划中融入心理和精神训练感到质疑，我想说的是：全力以赴完成这为期 21 天的计划，并采用"区域饮食"方法来支持这个计划，21 天结束后，我相信你会发现这个计划对你如何看待自己和自己的能力产生了深远的影响。大部分我指导的运动者都一致认为，在心理、情绪和精神方面所取得的进步往往超过身体方面的收获，而且更令人兴奋的是，他们在身体方面的收获也颇大。

至于你应该选择哪个计划，我建议所有人都从初级训练计划开始。这让你有机会进一步了解交叉训练精英健身计划的方法论。在这个计划里，每一级别都在前一级的基础上逐渐递增。资深的运动员从初级计划开始，可能会感觉太简单，那么他可以跳过中级计划，直接安全地进行高级计划。只有你能够按照规定的重量、次数和要求的百分比完成所有这一级的训练动作，你才能进阶到下一级别的训练。记住，随着你力量和身体能力的增强，每一级计划都会变得更具挑战性。因此，即使是初级计划，如果持续练习一年，也会逐渐变得更有挑战性。这就是交叉训练精英健身计划的美妙之处：这是一个灵活而可变的计划，能够适应你的综合水平。

需要注意的是，很多举重训练都在体操类训练之后进行，这是非常重要的原则，能够在较高的心率下保存力量。只需要问问任何一位军事作战队队员或执法警官，他们都会肯定地告诉你，在你需要力量的重要时刻，你都需要提高心率。你的训练会反馈到你的日常生活中，为满足你生活中的需求做好准备。

另外，请注意，你不是按照特定的重量来进行杠铃运动，而是按照你的相对力量的百分比来进行训练。这个具体的百分比，在 21 天交叉训练精英健身计划的每个级别各有不同，并被运用在不同的训练中。交叉训练精英健身计划的这个特点可以让你终身都能持续不断地进步、适应和应对挑战。

在计划中，除了身体训练外，每天还有一系列基础的心理训练：第一句话、冥想、盒式呼吸和积极的自我肯定语。

如果你首次接触这些动作和练习，你可能会感到颇有压力，甚至有点害怕。但是不要将 21 天交叉训练精英健身计划看作一个整体，这个训练是练习完成小目标的绝佳机会。致力于完成整个计划的大目标，然后将注意力集中在每一天的任务清单上，用你的全部精力去完成它！这样，你只需要集中精力在一天的时间内完成这一任务。珍惜每时每刻，保持意识并致力于生活在当下，这是精英健身者的训练方式和战士应具备的能力。因此，请每天完成一次这些锻炼和练习，相信交叉训练精英健身计划将为你带来多重效果和长期益处。

21 天初级训练计划

21 天初级训练计划旨在通过将举重训练和体操综合训练相结合，培养你的自信心、运动技巧和能力，向你介绍综合而全面的健身理念。

第 1 天	第 2 天	第 3 天
4 轮盒式呼吸 5 分钟冥想 闭眼重复 10 次祷语或自我肯定语 第一句话	4 轮盒式呼吸 5 分钟冥想 闭眼重复 10 次祷语或自我肯定语 第一句话	4 轮盒式呼吸 5 分钟冥想 闭眼重复 10 次祷语或自我肯定语 第一句话
基准训练 在 10 分钟内，尽可能完成最多组数 30 次深蹲 20 次俯卧撑 10 次引体向上（必要时可使用辅助带，或者改做吊环反式划船） 从第 10 分钟到第 15 分钟确定高翻单次最大值	**极限测试 1** 1 分钟跳绳，尽可能完成最多次数 休息 1 分钟 1 分钟壶铃甩摆（男性约 16 千克；女性约 11 千克），尽可能完成最多次数 休息 2 分钟，确定跳绳和壶铃甩摆的 30% 阈值 共 10 分钟，每 1 分钟计时（各进行 5 轮） 单数分钟 =30% 跳绳阈值 双数分钟 =30% 壶铃甩摆阈值	火箭推，5 次、3 次、1 次、1 次、1 次（逐渐达到单次最大值） 休息 2 分钟，确定火箭推的 30% 单次最大值 4 轮计时 跑步 400 米（或划船 400 米） 10 次吊环反式划船 5 次火箭推（30% 单次最大值）

21 天初级训练计划（接上页）

第 4 天	第 5 天	第 6 天	第 7 天
4 轮盒式呼吸 5 分钟冥想 闭眼重复 10 次祷语或 自我肯定语 第一句话	4 轮盒式呼吸 5 分钟冥想 闭眼重复 10 次祷语或自 我肯定语 第一句话	4 轮盒式呼吸 5 分钟冥想 闭眼重复 10 次祷语或自我 肯定语 第一句话	4 轮盒式呼吸 5 分钟冥想 闭眼重复 10 次祷语或自 我肯定语 第一句话
创新型健身项目（步行、跑步、远足、游泳、冲浪，开始！） 花 15 分钟练习过头蹲和战士瑜伽体式系列	**极限测试 2** 1 分钟药球抛射（男性约 9 千克，约 3 米；女性约 6.4 千克，约 2.5 米），尽可能完成最多次数 休息 1 分钟 1 分钟引体向上（必要时可使用辅助带），尽可能完成最多次数 休息 2 分钟，确定药球抛射和引体向上的 30% 阈值 共 12 分钟，每 1 分钟计时（各进行 6 轮） 单数分钟 =30% 药球抛射阈值 双数分钟 =30% 引体向上阈值	**极限测试 3** 1 分钟膝盖触肘，尽可能完成最多次数 休息 1 分钟 1 分钟跳箱（男性约 50 厘米；女性约 40 厘米），尽可能完成最多次数 休息 1 分钟 1 分钟俯卧撑，尽可能完成最多次数 休息 2 分钟，确定膝盖触肘、跳箱和俯卧撑的 40% 阈值 共 12 分钟，每 3 分钟计时（各进行 4 轮） 第 1 分钟 =40% 膝盖触肘阈值 第 2 分钟 =40% 跳箱阈值 第 3 分钟 =40% 俯卧撑阈值	仰卧推举，5 次、3 次、1 次、1 次、1 次（逐渐达到单次最大值） 后蹲，5 次、3 次、1 次、1 次、1 次（逐渐达到单次最大值） 休息 2 分钟，确定仰卧推举和后蹲的 30% 单次最大值 4 轮计时 跑步 400 米（或划船 400 米） 9 次后蹲（30% 单次最大值） 6 次仰卧推举（30% 单次最大值）

术语解释

盒式呼吸：数 4 下的呼吸训练法。

祷语或自我肯定语：表达你个人信念的话语。

第一句话：心里默念的练习。

尽可能完成最多组（次）数：尽可能在规定时间内完成最多组（次）动作。

阈值：尽最大努力做出的成绩。

每 1 分钟计时：在每 1 分钟内完成规定的动作。

单次最大值：单次尽最大努力做出的成绩。

第 8 天	第 9 天	第 10 天	第 11 天
4 轮盒式呼吸 5 分钟冥想 闭眼重复 10 次祷语或自我肯定语 第一句话	4 轮盒式呼吸 5 分钟冥想 闭眼重复 10 次祷语或自我肯定语 第一句话	4 轮盒式呼吸 5 分钟冥想 闭眼重复 10 次祷语或自我肯定语 第一句话	4 轮盒式呼吸 5 分钟冥想 闭眼重复 10 次祷语或自我肯定语 第一句话
创新型健身项目(步行、跑步、远足、游泳、冲浪，开始！) 花 15 分钟练习战士瑜伽体式系列和过头蹲	极限强化 1（上文的极限测试 1） 共 10 分钟，每 1 分钟计时（各进行 5 轮） 单数分钟 =40% 跳绳阈值 双数分钟 =40% 壶铃甩摆阈值	10 分钟计时 30 次高翻（30% 单次最大值） 10 次波比跳 高翻(30% 单次最大值)，尽可能完成最多次数 注意：在这组训练中，你的成绩是最后这组高翻的次数	极限强化 2（上文的极限测试 2） 共 10 分钟，每 1 分钟计时（各进行 5 轮） 单数分钟 =40% 药球抛射阈值 双数分钟 =40% 引体向上阈值

21 天初级训练计划（接上页）

第 12 天	第 13 天	第 14 天	第 15 天
4 轮盒式呼吸 5 分钟冥想 闭眼重复 10 次祷语或自我肯定语 第一句话	4 轮盒式呼吸 5 分钟冥想 闭眼重复 10 次祷语或自我肯定语 第一句话	4 轮盒式呼吸 5 分钟冥想 闭眼重复 10 次祷语或自我肯定语 第一句话	4 轮盒式呼吸 5 分钟冥想 闭眼重复 10 次祷语或自我肯定语 第一句话
创新型健身项目（步行、跑步、远足、游泳、冲浪，开始！） 完成全部战士瑜伽体式系列	极限强化 3（上文的极限测试 3） 共 15 分钟，每 3 分钟计时（各进行 5 轮） 第 1 分钟 =40% 膝盖触肘阈值 第 2 分钟 =40% 跳箱阈值（男性约 50 厘米；女性约 40 厘米） 第 3 分钟 =40% 俯卧撑阈值	肩上推举，5 次、3 次、1 次、1 次、1 次（确定单次最大值） 休息 2 分钟，确定肩上推举的 30% 单次最大值 4 轮计时 15 次借力推举（30% 单次最大值） 30 次深蹲 10 次引体向上（或吊环反式划船） 注意：尽管你所确定的是推举的单次最大值，但在这组训练中应采用借力推举	极限强化 1（上文的极限测试 1） 共 12 分钟，每 1 分钟计时（各进行 6 轮） 单数分钟 =40% 跳绳阈值 双数分钟 =40% 壶铃甩摆阈值（男性约 16 千克；女性约 11 千克）

第 16 天	第 17 天	第 18 天	第 19 天
4 轮盒式呼吸 5 分钟冥想 闭眼重复 10 次祷语或自我肯定语 第一句话	4 轮盒式呼吸 5 分钟冥想 闭眼重复 10 次祷语或自我肯定语 第一句话	4 轮盒式呼吸 5 分钟冥想 闭眼重复 10 次祷语或自我肯定语 第一句话	4 轮盒式呼吸 5 分钟冥想 闭眼重复 10 次祷语或自我肯定语 第一句话
创新型健身项目（步行、跑步、远足、游泳、冲浪，开始！） 花 10 分钟练习过头蹲和 5 轮战士瑜伽拜日式	在 15 分钟内，尽可能完成最多组数 跑步 400 米（或划船 400 米） 10 次波比跳 5 次火箭推（30% 单次最大值）	3 轮计时 100 次跳绳 20 次壶铃甩摆（男性约 16 千克；女性约 11 千克） 10 次吊环反式划船	在 10 分钟内，尽可能完成最多组合数 3 次高翻（30% 单次最大值） 3 次膝盖触肘 6 次高翻 6 次膝盖触肘 9 次高翻 9 次膝盖触肘 12 次高翻 12 次膝盖触肘 15 次高翻 15 次膝盖触肘 这是一个计时训练。如果能完成 15 次，则继续进行 18 次训练；如果能完成 18 次，则继续进行 21 次训练；以此类推

21 天初级训练计划（接上页）

第 20 天	第 21 天
4 轮盒式呼吸 5 分钟冥想 闭眼重复 10 次祷语或 自我肯定语 第一句话	4 轮盒式呼吸 5 分钟冥想 闭眼重复 10 次祷语或自 我肯定语 第一句话
创新型健身项目（步行、跑步、远足、游泳、冲浪，开始！） 完成全部战士瑜伽体式系列，花 10 分钟练习过头蹲	**基准训练再测试** 在 10 分钟内，尽可能完成最多组数 30 次深蹲 20 次俯卧撑 10 次引体向上（必要时可使用辅助带） 从第 10 分钟到第 15 分钟确定高翻单次最大值

恭喜你！你刚刚开启了人生中一段不可思议的旅程，你开始了心理、身体和精神融为一体的过程。你的 21 天挑战现在可以成为可衡量且可重复进行的健身计划。具体来说，你应该像下面介绍的这么做。

回到极限测试 1、2、3，重新测试自己尽可能完成的最多组（次）数。你会欣喜地发现自己的进步。然后，重复剩下的训练，据此重新计算你的阈值。举重训练也可采用以上的方法。每三个月休息一周。在这一周里，只练习瑜伽和创新型健身项目。如果你能达成所规定的训练目标且没有降低难度，那么你就可以晋级去完成更有挑战性的中级训练计划。

发挥创意，乐在其中！

21 天中级训练计划

21 天中级训练计划在初级训练计划的基础上，帮助你为更有难度的高级训练做准备。

第1天	第2天	第3天
4 轮盒式呼吸 10 分钟冥想 闭眼重复 10 次祷语或自我肯定语 第一句话	4 轮盒式呼吸 10 分钟冥想 闭眼重复 10 次祷语或自我肯定语 第一句话	4 轮盒式呼吸 10 分钟冥想 闭眼重复 10 次祷语或自我肯定语 第一句话
基准训练 在 10 分钟内，尽可能完成最多组数 50 次深蹲 30 次俯卧撑 10 次引体向上 从第 10 分钟到第 15 分钟确定高翻单次最大值	**极限测试 1** 1 分钟双摇跳绳，尽可能完成最多次数 休息 1 分钟 1 分钟壶铃甩摆（男性约 16 千克，女性约 11 千克），尽可能完成最多次数 休息 2 分钟，确定双摇跳绳和壶铃甩摆的 40% 阈值 共 12 分钟，每 1 分钟计时（各进行 6 轮） 单数分钟 =40% 双摇跳绳阈值 双数分钟 =40% 壶铃甩摆阈值	火箭推，5 次、3 次、1 次、1 次、1 次（逐渐达到单次最大值） 休息 2 分钟，确定火箭推的 50% 单次最大值 4 轮计时 跑步 400 米（或划船 400 米） 10 次波比跳 5 次火箭推（50% 单次最大值）

21 天中级训练计划（接上页）

第 4 天	第 5 天	第 6 天	第 7 天
4 轮盒式呼吸 10 分钟冥想 闭眼重复 10 次祷语或自我肯定语 第一句话	4 轮盒式呼吸 10 分钟冥想 闭眼重复 10 次祷语或自我肯定语 第一句话	4 轮盒式呼吸 10 分钟冥想 闭眼重复 10 次祷语或自我肯定语 第一句话	4 轮盒式呼吸 10 分钟冥想 闭眼重复 10 次祷语或自我肯定语 第一句话
创新型健身项目（步行、跑步、远足、游泳、冲浪，开始！） 花 15 分钟练习过头蹲和战士瑜伽体式系列	极限测试 2 1 分钟药球抛射（男性约 9 千克，约 3 米；女性约 6.4 千克，约 2.5 米），尽可能完成最多次数 休息 1 分钟 1 分钟引体向上，尽可能完成最多次数 休息 2 分钟，确定药球抛射和引体向上的 40% 阈值 共 10 分钟，每 1 分钟计时（各进行 5 轮） 单数分钟 =40% 药球抛射阈值 双数分钟 =40% 引体向上阈值	极限测试 3 1 分钟脚趾触杠，尽可能完成最多次数 休息 1 分钟 1 分钟跳箱（男性约 60 厘米；女性约 50 厘米），尽可能完成最多次数 休息 1 分钟 1 分钟俯卧撑，尽可能完成最多次数 休息 2 分钟，确定脚趾触杠、跳箱和俯卧撑的 40% 阈值 共 15 分钟,每 3 分钟计时(各进行 5 轮） 第 1 分钟 =40% 脚趾触杠阈值 第 2 分钟 =40% 跳箱阈值 第 3 分钟 =40% 俯卧撑阈值	仰卧推举，5 次、3 次、1 次、1 次、1 次（逐渐达到单次最大值） 后蹲，5 次、3 次、1 次、1 次、1 次（逐渐达到单次最大值） 休息 2 分钟，确定仰卧推举和后蹲的 50% 单次最大值 4 轮计时 跑步 400 米（或划船 400 米） 12 次后蹲（50% 单次最大值） 9 次仰卧推举（50% 单次最大值） 10 次引体向上

术语解释

盒式呼吸：数 4 下的呼吸训练法。

祷语或自我肯定语：表达你个人信念的话语。

第一句话：心里默念的练习。

尽可能完成最多组（次）数：尽可能在规定时间内完成最多组（次）动作。

阈值：尽最大努力做出的成绩。

每 1 分钟计时：在每 1 分钟内完成规定的动作。

单次最大值：单次尽最大努力做出的成绩。

第 8 天	第 9 天	第 10 天	第 11 天
4 轮盒式呼吸 10 分钟冥想 闭眼重复 10 次祷语或自我肯定语 第一句话	4 轮盒式呼吸 10 分钟冥想 闭眼重复 10 次祷语或自我肯定语 第一句话	4 轮盒式呼吸 10 分钟冥想 闭眼重复 10 次祷语或自我肯定语 第一句话	4 轮盒式呼吸 10 分钟冥想 闭眼重复 10 次祷语或自我肯定语 第一句话
创新型健身项目(步行、跑步、远足、游泳、冲浪，开始！) 花 15 分钟练习战士瑜伽体式系列和过头蹲	极限强化 1（上文的极限测试 1） 共 12 分钟，每 1 分钟计时（各进行 6 轮） 单数分钟 =50% 双摇跳绳阈值 双数分钟 =50% 壶铃甩摆阈值	挺举，5 次、3 次、1 次、1 次、1 次（逐渐达到单次最大值） 休息 2 分钟，确定挺举的 50% 单次最大值 10 分钟计时 30 次挺举（50% 单次最大值） 20 次波比跳和引体向上挺举（50% 单次最大值），尽可能完成最多次数 注意：在这组训练中，你的成绩是最后这组挺举的次数；"波比跳和引体向上"指的是完成完整的波比跳后，跳到空中时，不要击掌，而是抓住引体向上杆，然后完成引体向上动作，接着再松开引体向上杆，重复以上规定的动作	极限强化 2（上文的极限测试 2） 共 12 分钟，每 1 分钟计时（各进行 6 轮） 单数分钟 =50% 药球抛射阈值 双数分钟 =50% 引体向上阈值

21 天中级训练计划（接上页）

第 12 天	第 13 天	第 14 天	第 15 天
4 轮盒式呼吸 10 分钟冥想 闭眼重复 10 次祷语或自我肯定语 第一句话	4 轮盒式呼吸 10 分钟冥想 闭眼重复 10 次祷语或自我肯定语 第一句话	4 轮盒式呼吸 10 分钟冥想 闭眼重复 10 次祷语或自我肯定语 第一句话	4 轮盒式呼吸 10 分钟冥想 闭眼重复 10 次祷语或自我肯定语 第一句话
创新型健身项目（步行、跑步、远足、游泳、冲浪，开始！） 完成全部战士瑜伽体式系列	极限强化 3（上文的极限测试 3） 共 15 分钟，每 3 分钟计时（各进行 5 轮） 第 1 分钟 =50% 脚趾触杠阈值 第 2 分钟 =50% 跳箱阈值（男性约 60 厘米；女性约 50 厘米） 第 3 分钟 =50% 俯卧撑阈值	肩上推举，5 次、3 次、1 次、1 次、1 次（建立单次最大值） 休息 2 分钟，确定推举的 30% 单次最大值 4 轮计时 跑步 400 米（或划船 400 米） 15 次借力推举（50% 单次最大值） 20 次负重交替箭步深蹲，每条腿 10 次（男性约 11 千克；女性约 6.8 千克） 注意：尽管你所确定的是推举的单次最大值，但在这组训练中，应采用借力推举	极限强化 1（上文的极限测试 1） 共 10 分钟，每 1 分钟计时（各进行 5 轮） 单数分钟 =60% 双摇跳绳阈值 双数分钟 =60% 壶铃甩摆阈值（男性约 16 千克；女性约 11 千克）

第 16 天	第 17 天	第 18 天	第 19 天
4 轮盒式呼吸 10 分钟冥想 闭眼重复 10 次祷语或 自我肯定语 第一句话	4 轮盒式呼吸 10 分钟冥想 闭眼重复 10 次祷语或自 我肯定语 第一句话	4 轮盒式呼吸 10 分钟冥想 闭眼重复 10 次祷语或自我 肯定语 第一句话	4 轮盒式呼吸 10 分钟冥想 闭眼重复 10 次祷语或自 我肯定语 第一句话
创新型健身项目（步行、跑步、远足、游泳、冲浪，开始！） 花 10 分钟练习过头蹲和 10 轮战士瑜伽拜日式	在 20 分钟内，尽可能完成最多组数 跑步 400 米（或划船 400 米） 10 次波比跳 5 次火箭推（60% 单次最大值）	硬拉，5 次、3 次、1 次、1 次、1 次（确定单次最大值） 休息 4 分钟，确定硬拉的 40% 单次最大值 计时 21 次硬拉（40% 单次最大值） 21 次双杠臂屈伸 15 次硬拉 15 次双杠臂屈伸 9 次硬拉 9 次双杠臂屈伸	极限强化 3（上文的极限测试 3） 共 15 分钟，每 3 分钟计时（各进行 5 轮） 第 1 分钟 =60% 脚趾触杠阈值 第 2 分钟 =60% 跳箱阈值（男性约 60 厘米；女性约 50 厘米） 第 3 分钟 =60% 俯卧撑阈值

21 天中级训练计划（接上页）

第 20 天	第 21 天
4 轮盒式呼吸 10 分钟冥想 闭眼重复 10 次祷语或 自我肯定语 第一句话	4 轮盒式呼吸 10 分钟冥想 闭眼重复 10 次祷语或自 我肯定语 第一句话
———————	———————
创新型健身项目（步行、跑步、远足、游泳、冲浪，开始！） 完成全部战士瑜伽体式系列，花 10 分钟练习过头蹲	**基准训练再测试** 在 10 分钟内，尽可能完成最多组数 50 次深蹲 30 次俯卧撑 10 次引体向上 从第 10 分钟到第 15 分钟确定高翻单次最大值

和初级训练计划一样，你的 21 天中级训练计划现在可以成为可衡量且可重复进行的健身计划。你应该像下面介绍的这么做。

回到极限测试 1、2、3，重新测试自己尽可能完成的最多次数。你会欣喜地发现自己的进步。然后，重复剩下的训练，据此重新计算你的阈值。举重训练也可采用以上的方法。每三个月休息一周，在这一周里，只练习瑜伽和创新型健身项目。如果你能达成所规定的训练目标且没有降低难度，那么你就可以晋级去完成更有挑战性的高级训练计划。

21 天高级训练计划

21 天高级训练计划是一个能够改变人生、创造动力的全面综合训练计划，旨在将你带入人生的最佳状态。坚持到底，相信自己，正如我的朋友马克·迪万所说："喂勇敢之狗！"

第 1 天	第 2 天	第 3 天
4 轮盒式呼吸 4 轮鼻孔交替呼吸 20 分钟冥想 闭眼重复 10 次祷语或自我肯定语 第一句话	4 轮盒式呼吸 4 轮鼻孔交替呼吸 20 分钟冥想 闭眼重复 10 次祷语或自我肯定语 第一句话	4 轮盒式呼吸 4 轮鼻孔交替呼吸 20 分钟冥想 闭眼重复 10 次祷语或自我肯定语 第一句话
基准训练 在 10 分钟内，尽可能完成最多组数 20 次深蹲 10 次脚趾触杠 20 次俯卧撑 10 次引体向上 从第 10 分钟到第 15 分钟确定挺举单次最大值	**极限测试 1** 1 分钟双摇跳绳，尽可能完成最多次数 休息 1 分钟 1 分钟壶铃甩摆（男性约 24 千克；女性约 16 千克），尽可能完成最多次数 休息 2 分钟，确定双摇跳绳和壶铃甩摆的 40% 阈值 14 分钟，每 1 分钟计时（各进行 7 轮） 单数分钟 =40% 双摇跳绳阈值 双数分钟 =40% 壶铃甩摆阈值	火箭推，5 次、3 次、1 次、1 次、1 次（逐渐达到单次最大值） 休息 2 分钟，确定 60% 单次最大值 在 12 分钟内，尽可能完成最多次数 跑步 400 米（或划船 400 米） 10 次过杠铃波比跳（越过杠铃向两侧跳） 5 次火箭推（60% 单次最大值）

21 天高级训练计划（接上页）

第 4 天	第 5 天	第 6 天	第 7 天
4 轮盒式呼吸 4 轮鼻孔交替呼吸 20 分钟冥想 闭眼重复 10 次祷语或自我肯定语 第一句话	4 轮盒式呼吸 4 轮鼻孔交替呼吸 20 分钟冥想 闭眼重复 10 次祷语或自我肯定语 第一句话	4 轮盒式呼吸 4 轮鼻孔交替呼吸 20 分钟冥想 闭眼重复 10 次祷语或自我肯定语 第一句话	4 轮盒式呼吸 4 轮鼻孔交替呼吸 20 分钟冥想 闭眼重复 10 次祷语或自我肯定语 第一句话
创新型健身项目（步行、跑步、远足、游泳、冲浪，开始！） 花 15 分钟练习过头蹲和战士瑜伽体式系列	极限测试 2 1 分钟药球抛射（男性约 9 千克，约 3 米；女性约 6.4 千克，约 3 米），尽可能完成最多次数 休息 1 分钟 1 分钟引体向上，尽可能完成最多次数 休息 2 分钟，确定药球抛射和引体向上的 40% 阈值 共 12 分钟，每 1 分钟计时（各进行 6 轮） 单数分钟 =40% 药球抛射阈值 双数分钟 =40% 引体向上阈值	极限测试 3 1 分钟脚趾触杠，尽可能完成最多次数 休息 1 分钟 1 分钟跳箱（男性约 60 厘米；女性约 50 厘米），尽可能完成最多次数 休息 1 分钟 1 分钟 Concept2 划船，尽可能完成最多次数 休息 2 分钟，确定脚趾触杠、跳箱和划船的 40% 阈值 共 15 分钟，每 3 分钟计时（各进行 5 轮） 第 1 分钟 =40% 脚趾触杠阈值 第 2 分钟 =40% 跳箱阈值 第 3 分钟 =40%Concept2 划船阈值	仰卧推举，5 次、3 次、1 次、1 次、1 次（逐渐达到单次最大值） 后蹲，5 次、3 次、1 次、1 次、1 次（逐渐达到单次最大值） 休息 2 分钟，确定仰卧推举和后蹲的 50% 单次最大值 4 轮计时 跑步 400 米（或划船 400 米） 15 次后蹲（50% 单次最大值） 12 次仰卧推举（50% 单次最大值） 2 次爬绳，约 4.5 米（或 12 次引体向上）

术语解释

盒式呼吸：数 4 下的呼吸训练法。

祷语或自我肯定语：表达你个人信念的话语。

第一句话：心里默念的练习。

尽可能完成最多组（次）数：尽可能在规定时间内完成最多组（次）动作。

阈值：尽最大努力做出的成绩。

每 1 分钟计时：在每 1 分钟内完成规定的动作。

单次最大值：单次尽最大努力做出的成绩。

第 8 天	第 9 天	第 10 天	第 11 天
4 轮盒式呼吸 4 轮鼻孔交替呼吸 20 分钟冥想 闭眼重复 10 次祷语或自我肯定语 第一句话	4 轮盒式呼吸 4 轮鼻孔交替呼吸 20 分钟冥想 闭眼重复 10 次祷语或自我肯定语 第一句话	4 轮盒式呼吸 4 轮鼻孔交替呼吸 20 分钟冥想 闭眼重复 10 次祷语或自我肯定语 第一句话	4 轮盒式呼吸 4 轮鼻孔交替呼吸 20 分钟冥想 闭眼重复 10 次祷语或自我肯定语 第一句话
创新型健身项目（步行、跑步、远足、游泳、冲浪、开始！） 花 15 分钟练习战士瑜伽体式系列和过头蹲	极限强化 1（上文的极限测试 1） 共 14 分钟，每 1 分钟计时（各进行 7 轮） 单数分钟 =50% 双摇跳绳阈值 双数分钟 =50% 壶铃甩摆阈值	挺举，5 次、3 次、1 次、1 次、1 次（逐渐达到单次最大值） 休息 2 分钟，确定挺举的60% 单次最大值 10 分钟计时 30 次挺举（60% 单次最大值） 30 次波比跳和引体向上 挺举（60% 单次最大值），尽可能完成最多次数 注意：在这组训练中，你的成绩是最后这组挺举的次数；"波比跳和引体向上"指的是完成完整的波比跳后，跳到空中时，不要击掌，而是抓住引体向上杆，然后完成引体向上动作，接着再松开引体向上杆，重复以上规定的动作	极限强化 2（上文的极限测试 2） 共 12 分钟，每 1 分钟计时（各进行 6 轮） 单数分钟 =50% 药球抛射阈值 双数分钟 =50% 引体向上阈值

21 天高级训练计划（接上页）

第 12 天	第 13 天	第 14 天	第 15 天
4 轮盒式呼吸 4 轮鼻孔交替呼吸 20 分钟冥想 闭眼重复 10 次祷语或自我肯定语 第一句话	4 轮盒式呼吸 4 轮鼻孔交替呼吸 20 分钟冥想 闭眼重复 10 次祷语或自我肯定语 第一句话	4 轮盒式呼吸 4 轮鼻孔交替呼吸 20 分钟冥想 闭眼重复 10 次祷语或自我肯定语 第一句话	4 轮盒式呼吸 4 轮鼻孔交替呼吸 20 分钟冥想 闭眼重复 10 次祷语或自我肯定语 第一句话
创新型健身项目（步行、跑步、远足、游泳、冲浪，开始！） 完成全部战士瑜伽体式系列	极限强化 3（上文的极限测试 3） 共 15 分钟，每 3 分钟计时（各进行 5 轮）： 第 1 分钟 =50% 脚趾触杠阈值 第 2 分钟 =50% 跳箱阈值（男性约 60 厘米；女性约 50 厘米） 第 3 分钟 =50%Concept2 划船阈值	肩上推举，5 次、3 次、1 次、1 次、1 次（建立单次最大值） 休息 2 分钟，确定推举的 50% 单次最大值 4 轮计时 跑步 400 米（或划船 400 米） 15 次借力推举（50% 单次最大值） 20 次单腿深蹲，每条腿各 10 次 注意：尽管你所确定的是推举的单次最大值，在这组训练中，应采用借力推举	极限强化 1（上文的极限测试 1） 共 12 分钟，每 1 分钟计时（各进行 6 轮） 单数分钟 =60% 双摇跳绳阈值 双数分钟 =60% 壶铃甩摆阈值（男性约 24 千克；女性约 16 千克）

第16天	第17天	第18天	第19天
4 轮盒式呼吸 4 轮鼻孔交替呼吸 20 分钟冥想 闭眼重复 10 次祷语或自我肯定语 第一句话	4 轮盒式呼吸 4 轮鼻孔交替呼吸 20 分钟冥想 闭眼重复 10 次祷语或自我肯定语 第一句话	4 轮盒式呼吸 4 轮鼻孔交替呼吸 20 分钟冥想 闭眼重复 10 次祷语或自我肯定语 第一句话	4 轮盒式呼吸 4 轮鼻孔交替呼吸 20 分钟冥想 闭眼重复 10 次祷语或自我肯定语 第一句话
创新型健身项目（步行、跑步、远足、游泳、冲浪，开始！） 完成全部战士瑜伽体式系列，花 10 分钟练习过顶深蹲	在 20 分钟内，尽可能完成最多次数 跑步 400 米（或划船 400 米） 10 次过杠铃波比跳（越过杠铃向两侧跳） 5 次火箭推（70% 单次最大值）	硬拉，5 次、3 次、1 次、1 次、1 次（确定单次最大值） 休息 4 分钟，确定硬拉的 60% 单次最大值 计时 21 次硬拉（60% 单次最大值） 21 次吊环臂屈伸 15 次硬拉 15 次吊环臂屈伸 9 次硬拉 9 次吊环臂屈伸	1 轮计时 跑步 800 米 50 次高翻（挺举的 50% 单次最大值） 30 次手倒立俯卧撑

21 天高级训练计划（接上页）

第 20 天	第 21 天
4 轮盒式呼吸 4 轮鼻孔交替呼吸 20 分钟冥想 闭眼重复 10 次祷语或自我肯定语 第一句话	4 轮盒式呼吸 4 轮鼻孔交替呼吸 20 分钟冥想 闭眼重复 10 次祷语或自我肯定语 第一句话
创新型健身项目（步行、跑步、远足、游泳、冲浪，开始！） 完成全部战士瑜伽体式系列，花 10 分钟练习过头蹲	**基准训练再测试** 在 10 分钟内，尽可能完成最多组数 20 次深蹲 10 次脚趾触杠 20 次俯卧撑 10 次引体向上 从第 10 分钟到第 15 分钟确定挺举单次最大值

回到极限测试 1、2、3，重新测试自己尽可能完成的最多次数，你会欣喜地发现自己的进步。然后，重复剩下的训练，据此重新计算你的阈值。举重训练也可采用以上的方法。每三个月休息一周，在这一周里，只练习瑜伽和创新型健身项目。

一个持续进行的训练计划

你刚刚开启了人生中一段不可思议的旅程，你开始了心理、身体和精神融为一体的过程。你的 21 天挑战现在可以成为可衡量且可重复进行的健身计划。具体来说，你应该像下面介绍的这么做。

完成 21 天的训练后，重新开始。在你重新进行尽可能完成最多次数的极限测试 1、2 和 3 时，你能够测量你的运动能力有哪些进步。

你可以在极限测试和力量训练部分加入或删除不同的动作。

你会欣喜地发现自己的进步。 然后，重复剩下的训练，据此重新计算你的阈值。举重训练也可采用以上的方法。

恢复。 每三个月休息一周，在这一周里，只练习瑜伽和创新型健身项目。

坚持写日记

我强烈建议你养成写日记的习惯，记录每次锻炼时的努力和感想。我已经保持这个习惯16年了，我记录了在2001年12月与格拉斯曼教练一起进行的第一次训练。没有什么比翻看多年前的日记并看到自己取得的进步、完成的挑战和实现的目标更让人欣慰的事了。你应该回头看看自己走了多远，这对你非常有用！除了记录与训练相关的数据外，我建议你每天早晨花几分钟时间写下你的日常目标，并回顾你的目的、价值观和志向。然后晚上在脑海中再回顾当天发生的事，写下你要感谢的3个人、成就、经验或事件。你脑海中最迫切的问题应该是："我还要感谢什么？"让这个问题帮助你将注意力集中在第二天的目标和计划上。通过不断地反思自己应该感恩的事物，一件奇怪的事情发生了：你将更多想要感谢的事物带进了你的人生！你会思考如何引导你的人生朝着你的目的再迈进一步。

第18章

精英健身标准：
进阶训练

交叉训练精英健身计划，究其根本，是在帮助运动员为战斗需求做准备，这种战斗指的是综合格斗比赛和"现实世界"的战斗，例如军事行动和执法行动。但是，不仅武术家和职业战士能够从逐渐进阶的等级系统中受益，我们所有人都需要目标来推动我们前进。

我相信这种标准框架既可以为人们提供一定程度的方向指导，也可以提供明确的目标。它还将帮助你全面地坚持训练，以防止你犯这样的错误：专注于自己的优势而被自己的劣势拖后腿。通过包含所有动作类型的基准锻炼和测试（打开型、关闭型、推动型、拉动型动作和综合型能力测试），你会发现我设置了与你的年龄与技能水平相匹配的成绩等级，你可以以此为目标而努力。交叉训练精英健身的等级系统可以帮助你在多年里仍然有应对挑战、取得进步和成就的空间。

也许最重要的是，它让你的训练成为一种游戏。当你一步步前进时，它让训练变得有趣且令人满意。当你登上山顶，回头看自己走过的路时，没有比这更能激励你继续前进的了，训练也是同样的道理。这是建立自信的绝佳方法。

你会马上去寻找下一级目标，然后奋力前进！

本书中的"标准"分为1级、2级、3级，并根据不同的性别和年龄来划分。前面提到，动作按类型划分，包括打开型、关闭型、推动型和拉动型，这里我又增加了"综合型"，指的是体力、耐力、速度和力量的综合能力。再次强调，你不是按照特定的重量来进行杠铃运动，而是按照你的相对力量的百分比来进行训练的。

通过全身心投入训练和注意饮食，1级和2级可以在6个月至1年内实现，许多达到2级水平的人会发现自己的生活已处于最佳状态。本书列出了1至3级，以供你参考。

你会注意到，在接下来几页中出现的一些高级动作，我们在本书中没有详细介绍，其中包括爬绳和体操类动作的双力臂（吊环引体向上和吊环臂屈伸的结合）。双力臂是技巧型动作，这个动作一开始可能会令人望而生畏。但这只是看问题的角度而已：对于初学者而言，一次严格引体向上，或者甚至是一次俯卧撑可能就会让你胆怯。但是没关系，实际上这是件好事。当身体、心理和精神真正融合在一起时，就是你积蓄勇气并开始迎接舒适区之外的目标和挑战的时候，你会得到的收获是，当你第一次解锁并尝试引体向上、爬绳或双力臂时，你对自己会取得成功的信念就会涌现，同时，这也开辟了各种新的可能性。不论是在健身方面还是在生活中，这种个人信念会在你人生的每个角落都引起共鸣。

另外，请注意两个名为"海伦"和"凯伦"的训练组合。这些是由格拉斯曼教练最初创立的交叉训练组合，我非常喜欢这两个训练组合！这两组训练由本书中的动作组成，但以一种有趣而独特的方式组合在一起。

1 级：18 ～ 35 岁大众级男性

	初级	中级	高级
打开型	50 次徒手深蹲（少于 3 分钟） 5 次后蹲，½ 自重负重 10 次跳箱，约 60 厘米（少于 1 分钟） 5 次硬拉，自重负重	75 次徒手深蹲（少于 3 分钟） 5 次后蹲，¾ 自重负重 15 次跳箱，约 60 厘米（少于 1 分钟） 10 次硬拉，自重负重	100 次徒手深蹲（少于 3 分钟） 10 次后蹲，自重负重 20 次跳箱，约 60 厘米（少于 1 分钟） 21 次硬拉，自重负重
关闭型	10 次膝盖触肘	15 次膝盖触肘	21 次膝盖触肘 10 次脚趾触杠
推动型	连续完成 25 次俯卧撑 6 次仰卧推举，½ 自重负重 1 次推举，½ 自重负重	连续完成 35 次俯卧撑 7 次仰卧推举，自重负重 5 次推举，½ 自重负重	连续完成 50 次俯卧撑 10 次仰卧推举，自重负重 10 次推举，½ 自重负重
拉动型	1 次严格引体向上 1 次高翻，½ 自重负重	3 次严格引体向上 1 次高翻，¾ 自重负重	5 次严格引体向上 1 次高翻，自重负重 1 次爬绳，约 4.5 米
综合型	"海伦"（少于 20 分钟） 3 轮计时 400 米跑步 21 次壶铃甩摆（约 24 千克） 12 次引体向上 约 3 千米跑步（少于 20 分钟） 500 米划船（少于 2 分钟）	"海伦"（少于 18 分 30 秒） 3 轮计时 400 米跑步 21 次壶铃甩摆（约 24 千克） 12 次引体向上 约 3 千米跑步（少于 18 分 30 秒） 500 米划船（少于 1 分 55 秒）	"海伦"（少于 17 分 30 秒） 3 轮计时 400 米跑步 21 次壶铃甩摆（约 24 千克） 12 次引体向上 约 3 千米跑步（少于 18 分 10 秒） 500 米划船（少于 1 分 50 秒）

注意：除非另作说明，所有动作都是连续重复的；对于要求在特定时间范围内完成一定次数的动作，如需要，可以分组完成。

2 级：18 ～ 35 岁大众级男性

	初级	中级	高级
打开型	15 次后蹲，自重负重 25 次跳箱，约 60 厘米（少于 1 分钟） 9 次硬拉，约 102 千克	21 次后蹲，自重负重 30 次跳箱，约 60 厘米（少于 1 分钟） 15 次硬拉，约 102 千克	30 次后蹲，自重负重 20 次跳箱，约 76 厘米（少于 1 分钟） 21 次硬拉，约 102 千克
关闭型	25 次膝盖触肘 15 次脚趾触杠	20 次脚趾触杠	25 次脚趾触杠
推动型	连续完成 50 次俯卧撑 12 次仰卧推举，自重负重 9 次仰卧推举，约 43 千克	7 次吊环臂屈伸 15 次仰卧推举，自重负重 12 次仰卧推举，约 43 千克	10 次吊环臂屈伸 20 次仰卧推举，自重负重 10 次手倒立俯卧撑
拉动型	7 次严格引体向上 3 次爬绳，约 4.5 米（少于 1 分 30 秒） 1 次高翻，自重负重	10 次严格引体向上 3 次爬绳，约 4.5 米（少于 1 分 15 秒） 3 次高翻，自重负重	15 次严格引体向上 3 次爬绳，约 4.5 米（少于 1 分钟） 1 次直角撑爬绳，约 4.5 米 5 次高翻，自重负重
综合型	"海伦"（少于 16 分钟） 3 轮计时 400 米跑步 21 次壶铃甩摆（约 24 千克） 12 次引体向上 约 3 千米跑步（少于 14 分 30 秒） 500 米划船（少于 1 分 45 秒）	"海伦"（少于 12 分钟） 3 轮计时 400 米跑步 21 次壶铃甩摆（约 24 千克） 12 次引体向上 约 3 千米跑步（少于 14 分 20 秒） 500 米划船（少于 1 分 42 秒）	"海伦"（少于 10 分 30 秒） 3 轮计时 400 米跑步 21 次壶铃甩摆（约 24 千克） 12 次引体向上 约 3 千米跑步（少于 14 分 10 秒） 500 米划船（少于 1 分 40 秒） 100 次双摇跳绳（少于 1 分钟）

注意：除非另作说明，所有动作都是连续重复的；对于要求在特定时间范围内完成一定次数的动作，如需要，可以分组完成。

3 级：18 ~ 35 岁大众级男性

	初级	中级	高级
打开型	单腿深蹲，每条腿各 8 次（少于 1 分 30 秒） 9 次后蹲，1½ 自重负重 9 次硬拉，约 102 千克 9 次过头蹲，½ 自重负重	单腿深蹲，每条腿各 12 次（少于 1 分 30 秒） 12 次后蹲，1½ 自重负重 12 次硬拉，约 102 千克 7 次过头蹲，自重负重	单腿深蹲，每条腿各 16 次（少于 1 分 30 秒） 15 次后蹲，1½ 自重负重 15 次硬拉，约 102 千克 10 次过头蹲，自重负重
关闭型	30 次脚趾触杠	40 次脚趾触杠（少于 1 分钟）	45 次脚趾触杠（少于 1 分钟）
推动型	1 次双力臂 1 次仰卧推举，1½ 自重负重 15 次火箭推，½ 自重负重	3 次双力臂（少于 1 分钟） 3 次仰卧推举，1½ 自重负重 20 次火箭推，½ 自重负重	5 次双力臂（少于 1 分 30 秒） 5 次仰卧推举，1½ 自重负重 30 次火箭推，½ 自重负重 21 次手倒立俯卧撑
拉动型	20 次严格引体向上 3 次引体向上，负重约 16 千克 1 次高翻，1¼ 自重负重	10 次引体向上，胸触杠（借力） 5 次引体向上，负重约 16 千克 2 次高翻，1½ 自重负重（少于 1 分 30 秒）	15 次引体向上，胸触杠（借力） 7 次引体向上，负重约 24 千克 3 次高翻，1½ 自重负重（少于 1 分 30 秒） 2 次直角撑爬绳，约 4.5 米（少于 1 分钟）
综合型	"海伦"（少于 10 分钟） 3 轮计时 400 米跑步 21 次壶铃甩摆（约 24 千克） 12 次引体向上 约 3 千米跑步（少于 12 分 40 秒） "凯伦"（少于 10 分钟） 计时 150 次药球抛射（约 9 千克，约 3 米）	"海伦"（少于 9 分 30 秒） 3 轮计时 400 米跑步 21 次壶铃甩摆（约 24 千克） 12 次引体向上 约 3 千米跑步（少于 12 分 35 秒） "凯伦"（少于 8 分钟） 计时 150 次药球抛射（约 9 千克，约 3 米）	"海伦"（少于 9 分 15 秒） 3 轮计时 400 米跑步 21 次壶铃甩摆（约 24 千克） 12 次引体向上 约 3 千米跑步（少于 12 分 30 秒） "凯伦"（少于 7 分钟） 计时 150 次药球抛射（约 9 千克，约 3 米）

注意：除非另作说明，所有动作都是连续重复的；对于要求在特定时间范围内完成一定次数的动作，如需要，可以分组完成。

1级：36 ~ 45岁专业级男性

初级	中级	高级
打开型 50次徒手深蹲（少于3分钟） 5次后蹲，½自重负重 10次跳箱，约60厘米（少于1分钟） 5次硬拉，自重负重	75次徒手深蹲（少于3分钟） 5次后蹲，¾自重负重 15次跳箱，约60厘米（少于1分钟） 10次硬拉，自重负重	100次徒手深蹲（少于3分钟） 10次后蹲，自重负重 20次跳箱，约60厘米（少于1分钟） 15次硬拉，自重负重
关闭型 10次膝盖触肘	15次膝盖触肘	21次膝盖触肘 10次脚趾触杠
推动型 连续完成25次俯卧撑 5次仰卧推举，自重负重 1次推举，½自重负重	连续完成35次俯卧撑 7次仰卧推举，自重负重 5次推举，½自重负重	连续完成50次俯卧撑 10次仰卧推举，自重负重 10次推举，½自重负重
拉动型 1次严格引体向上 1次高翻，½自重负重	3次严格引体向上 1次高翻，¾自重负重	5次严格引体向上 1次高翻，自重负重
综合型 "海伦"（少于20分钟） 3轮计时 400米跑步 21次壶铃甩摆（约24千克） 12次引体向上 约3千米跑步（少于20分钟） 500米划船（少于2分钟）	"海伦"（少于19分钟） 3轮计时 400米跑步 21次壶铃甩摆（约24千克） 12次引体向上 约3千米跑步（少于19分钟） 500米划船（少于1分57秒）	"海伦"（少于18分钟） 3轮计时 400米跑步 21次壶铃甩摆（约24千克） 12次引体向上 约3千米跑步（少于18分30秒） 500米划船（少于1分55秒）

注意：除非另作说明，所有动作都是连续重复的；对于要求在特定时间范围内完成一定次数的动作，如需要，可以分组完成。

2 级：36 ~ 45 岁专业级男性

	初级	中级	高级
打开型	15 次后蹲，自重负重 25 次跳箱，约 60 厘米（少于 1 分钟） 9 次硬拉，约 102 千克	21 次后蹲，自重负重 30 次跳箱，约 60 厘米（少于 1 分钟） 12 次硬拉，约 102 千克	25 次后蹲，自重负重 20 次跳箱，约 60 厘米（少于 1 分钟） 15 次硬拉，约 102 千克
关闭型	25 次膝盖触肘 15 次脚趾触杠	20 次脚趾触杠	25 次脚趾触杠
推动型	5 次吊环臂屈伸 10 次仰卧推举，自重负重 9 次推举，约 43 千克	7 次吊环臂屈伸 12 次仰卧推举，自重负重 11 次推举，约 43 千克	10 次吊环臂屈伸 15 次仰卧推举，自重负重 10 次手倒立俯卧撑
拉动型	12 次严格引体向上 3 次爬绳，约 4.5 米（少于 1 分 30 秒） 1 次高翻，自重负重	15 次严格引体向上 3 次爬绳，约 4.5 米（少于 1 分 15 秒） 3 次高翻，自重负重	20 次严格引体向上 3 次爬绳，约 4.5 米（少于 1 分钟） 1 次直角撑爬绳，约 4.5 米 5 次高翻，自重负重
综合型	"海伦"（少于 16 分钟） 3 轮计时 400 米跑步 21 次壶铃甩摆（约 24 千克） 12 次引体向上 约 3 千米跑步（少于 15 分钟） 500 米划船（少于 1 分 45 秒）	"海伦"（少于 13 分钟） 3 轮计时 400 米跑步 21 次壶铃甩摆（约 24 千克） 12 次引体向上 约 3 千米跑步（少于 14 分 30 秒） 500 米划船（少于 1 分 42 秒）	"海伦"（少于 11 分钟） 3 轮计时 400 米跑步 21 次壶铃甩摆（约 24 千克） 12 次引体向上 约 3 千米跑步（少于 14 分 20 秒） 500 米划船（少于 1 分 40 秒） 100 次双摇跳绳（少于 1 分钟）

注意：除非另作说明，所有动作都是连续重复的；对于要求在特定时间范围内完成一定次数的动作，如需要，可以分组完成。

3 级：36 ~ 45 岁专业级男性

初级	中级	高级
打开型 单腿深蹲，每条腿各 8 次（少于 1 分 30 秒） 9 次后蹲，1½ 自重负重 6 次硬拉，约 125 千克 9 次过头蹲，½ 自重负重	单腿深蹲，每条腿各 12 次（少于 1 分 30 秒） 12 次后蹲，1½ 自重负重 10 次硬拉，约 125 千克 15 次过头蹲，½ 自重负重	单腿深蹲，每条腿各 16 次（少于 1 分 30 秒） 15 次后蹲，1½ 自重负重 12 次硬拉，约 102 千克 12 次过头蹲，自重负重
关闭型 30 次脚趾触杠	35 次脚趾触杠（少于 1 分钟）	40 次脚趾触杠（少于 1 分钟）
推动型 1 次双力臂 1 次仰卧推举，1½ 自重负重 12 次火箭推，½ 自重负重	3 次双力臂（少于 1 分钟） 3 次仰卧推举，1½ 自重负重 15 次火箭推，½ 自重负重	5 次双力臂（少于 1 分 30 秒） 5 次仰卧推举，1½ 自重负重 25 次火箭推，½ 自重负重 12 次手倒立俯卧撑
拉动型 20 次严格引体向上 3 次引体向上，负重约 16 千克 1 次高翻，1¼ 自重负重	10 次引体向上，胸触杠（借力） 5 次引体向上，负重约 16 千克 2 次高翻，1¼ 自重负重（少于 1 分 30 秒）	15 次引体向上，胸触杠（借力） 3 次引体向上，负重约 24 千克 3 次高翻，1¼ 自重负重（少于 1 分 30 秒） 1 次直角撑爬绳，约 4.5 米
综合型 "海伦"（少于 10 分 45 秒） 3 轮计时 400 米跑步 21 次壶铃甩摆（约 24 千克） 12 次引体向上 约 3 千米跑步（少于 14 分钟） "凯伦"（少于 10 分钟） 计时 150 次药球抛射（约 9 千克，约 3 米）	"海伦"（少于 10 分钟） 3 轮计时 400 米跑步 21 次壶铃甩摆（约 24 千克） 12 次引体向上 约 3 千米跑步（少于 13 分 30 秒） "凯伦"（少于 8 分 30 秒） 计时 150 次药球抛射（约 9 千克，约 3 米）	"海伦"（少于 9 分 30 秒） 3 轮计时 400 米跑步 21 次壶铃甩摆（约 24 千克） 12 次引体向上 约 3 千米跑步（少于 13 分钟） "凯伦"（少于 7 分 30 秒） 计时 150 次药球抛射（约 9 千克，约 3 米）

注意：除非另作说明，所有动作都是连续重复的；对于要求在特定时间范围内完成一定次数的动作，如需要，可以分组完成。

1级：46～54 岁专业 II 级男性

	初级	中级	高级
打开型	30 次徒手深蹲（少于 3 分钟） 5 次后蹲，½ 自重负重 10 次跳箱/踏箱，约 60 厘米（少于 1 分钟） 1 次硬拉，自重负重	50 次徒手深蹲（少于 3 分钟） 5 次后蹲，½ 自重负重 15 次跳箱/踏箱，约 60 厘米（少于 1 分钟） 5 次硬拉，自重负重	75 次徒手深蹲（少于 3 分钟） 10 次后蹲，½ 自重负重 20 次跳箱/踏箱，约 60 厘米（少于 1 分钟） 9 次硬拉，自重负重
关闭型	5 次膝盖触肘	7 次膝盖触肘	10 次膝盖触肘
推动型	连续完成 10 次俯卧撑 5 次仰卧推举，½ 自重负重 1 次推举，½ 自重负重	连续完成 20 次俯卧撑 9 次仰卧推举，½ 自重负重 3 次推举，½ 自重负重	连续完成 30 次俯卧撑 12 次仰卧推举，自重负重 5 次推举，½ 自重负重
拉动型	1 次严格引体向上 1 次爬绳，约 4.5 米 1 次高翻，½ 自重负重	3 次严格引体向上 1 次爬绳，约 4.5 米 1 次高翻，¾ 自重负重	5 次严格引体向上 2 次爬绳，约 4.5 米（少于 1 分 30 秒） 1 次高翻，自重负重
综合型	"海伦"（少于 25 分钟） 3 轮计时 400 米跑步 21 次壶铃甩摆（约 24 千克） 12 次引体向上 约 3 千米跑步（少于 20 分钟） 500 米划船（少于 2 分 30 秒）	"海伦"（少于 23 分钟） 3 轮计时 400 米跑步 21 次壶铃甩摆（约 24 千克） 12 次引体向上 约 3 千米跑步（少于 19 分 30 秒） 500 米划船（少于 2 分 20 秒）	"海伦"（少于 22 分钟） 3 轮计时 400 米跑步 21 次壶铃甩摆（约 24 千克） 12 次引体向上 约 3 千米跑步（少于 19 分钟） 500 米划船（少于 2 分 10 秒）

注意：除非另作说明，所有动作都是连续重复的；对于要求在特定时间范围内完成一定次数的动作，如需要，可以分组完成。

2级：46～54岁专业II级男性

	初级	中级	高级
打开型	9次后蹲，自重负重 21次踏箱，约60厘米（少于1分钟） 10次硬拉，自重负重	12次后蹲，自重负重 23次踏箱，约60厘米（少于1分钟） 12次硬拉，自重负重	15次后蹲，自重负重 25次踏箱，约60厘米（少于1分钟） 15次硬拉，自重负重
关闭型	11次膝盖触肘 5次脚趾触杠	12次膝盖触肘 7次脚趾触杠	15次膝盖触肘 10次脚趾触杠
推动型	连续完成35次俯卧撑 7次仰卧推举，自重负重 5次推举，约43千克	连续完成40次俯卧撑 9次仰卧推举，自重负重 7次推举，约43千克	连续完成45次俯卧撑 10次仰卧推举，自重负重 9次推举，约43千克
拉动型	11次严格引体向上 3次爬绳，约4.5米（少于1分30秒） 2次高翻，自重负重（少于1分30秒）	12次严格引体向上 3次爬绳，约4.5米（少于1分30秒） 3次高翻，自重负重（少于1分30秒）	13次严格引体向上 3次爬绳，约4.5米（少于1分30秒） 5次高翻，自重负重（少于1分30秒）
综合型	"海伦"（少于20分钟） 3轮计时 400米跑步 21次壶铃甩摆（约24千克） 12次引体向上 约3千米跑步（少于18分30秒） 500米划船（少于2分30秒）	"海伦"（少于19分钟） 3轮计时 400米跑步 21次壶铃甩摆（约24千克） 12次引体向上 约3千米跑步（少于18分钟） 500米划船（少于2分10秒）	"海伦"（少于18分钟） 3轮计时 400米跑步 21次壶铃甩摆（约24千克） 12次引体向上 约3千米跑步（少于17分30秒） 500米划船（少于1分55秒）

注意：除非另作说明，所有动作都是连续重复的；对于要求在特定时间范围内完成一定次数的动作，如需要，可以分组完成。

3级：46～54岁专业II级男性

	初级	中级	高级
打开型	15次后蹲，自重负重 21次硬拉，自重负重 25次踏箱，约60厘米（少于1分钟）	9次过头蹲，½自重负重 10次硬拉，1½自重负重 15次踏箱，约76厘米（少于1分30秒）	12次过头蹲，½自重负重 12次硬拉，1½自重负重 21次踏箱，约76厘米（少于1分30秒）
关闭型	20次膝盖触肘 15次脚趾触杠	20次脚趾触杠	25次脚趾触杠
推动型	45次俯卧撑 15次仰卧推举，自重负重 9次推举，约43千克	50次俯卧撑 1次手倒立支撑（1分钟） 3次仰卧推举，1¼自重负重	1次双力臂 5次手倒立俯卧撑 1次仰卧推举，1½自重负重
拉动型	12次严格引体向上 3次爬绳，约4.5米（少于1分30秒） 5次高翻，自重负重（少于1分30秒）	10次引体向上，胸触杠（借力） 3次爬绳，约4.5米（少于1分钟） 7次高翻，自重负重（少于2分钟）	15次引体向上，胸触杠（借力） 1次直角撑爬绳，约4.5米 9次高翻，自重负重（少于2分钟）
综合型	"海伦"（少于17分30秒） 3轮计时 400米跑步 21次壶铃甩摆（约24千克） 12次引体向上 约3千米跑步（少于17分钟） 500米划船（少于1分50秒）	"海伦"（少于17分钟） 3轮计时 400米跑步 21次壶铃甩摆（约24千克） 12次引体向上 约3千米跑步（少于16分钟） 500米划船（少于1分45秒）	"海伦"（少于15分钟） 3轮计时 400米跑步 21次壶铃甩摆（约24千克） 12次引体向上 约3千米跑步（少于14分钟） "凯伦"（少于14分钟） 计时 150次药球抛射（约9千克，约3米）

注意：除非另作说明，所有动作都是连续重复的；对于要求在特定时间范围内完成一定次数的动作，如需要，可以分组完成。

1级：18～35岁大众级女性

	初级	中级	高级
打开型	50次徒手深蹲（少于3分钟） 5次后蹲，½自重负重 10次跳箱，约50厘米（少于1分钟） 5次硬拉，自重负重	75次徒手深蹲（少于3分钟） 5次后蹲，¾自重负重 15次跳箱，约50厘米（少于1分钟） 7次硬拉，自重负重	100次徒手深蹲（少于3分钟） 10次后蹲，自重负重 20次跳箱，约50厘米（少于1分钟） 9次硬拉，自重负重
关闭型	10次膝盖触肘	15次膝盖触肘	21次膝盖触肘 10次脚趾触杠
推动型	10次俯卧撑 3次仰卧推举，¼自重负重 1次推举，¼自重负重	15次俯卧撑 5次仰卧推举，¼自重负重 5次推举，¼自重负重	20次俯卧撑 7次仰卧推举，¼自重负重 10次推举，½自重负重
拉动型	10次吊环反式划船 1次爬绳，约4.5米 1次高翻，¼自重负重	20次吊环反式划船 1次爬绳，约4.5米 1次高翻，½自重负重	1次严格引体向上 2次爬绳，约4.5米（少于2分钟） 1次高翻，自重负重
综合型	"海伦"（少于20分钟） 3轮计时 400米跑步 21次壶铃甩摆（约16千克） 12次引体向上 约3千米跑步（少于20分钟） 500米划船（少于2分30秒）	"海伦"（少于18分30秒） 3轮计时 400米跑步 21次壶铃甩摆（约16千克） 12次引体向上 约3千米跑步（少于19分钟） 500米划船（少于2分20秒）	"海伦"（少于18分钟） 3轮计时 400米跑步 21次壶铃甩摆（约16千克） 12次引体向上 约3千米跑步（少于18分30秒） 500米划船（少于2分10秒）

注意：除非另作说明，所有动作都是连续重复的；对于要求在特定时间范围内完成一定次数的动作，如需要，可以分组完成。

2 级：18 ~ 35 岁大众级女性

	初级	中级	高级
打开型	15 次后蹲，自重负重 25 次跳箱，约 50 厘米（少于 1 分钟） 9 次硬拉，约 75 千克（少于 3 分钟）	18 次后蹲，自重负重 30 次跳箱，约 50 厘米（少于 1 分钟） 15 次硬拉，约 75 千克（少于 3 分钟）	20 次后蹲，自重负重 20 次跳箱，约 60 厘米（少于 1 分钟） 21 次硬拉，约 75 千克（少于 3 分钟）
关闭型	25 次膝盖触肘（少于 1 分钟） 15 次脚趾触杠（少于 1 分钟）	18 次脚趾触杠（少于 1 分钟）	20 次脚趾触杠（少于 1 分钟）
推动型	连续完成 25 次俯卧撑 9 次仰卧推举，½ 自重负重 连续完成 3 次手倒立俯卧撑	连续完成 30 次俯卧撑 10 次仰卧推举，½ 自重负重 连续完成 3 次手倒立俯卧撑	5 次吊环臂屈伸 12 次仰卧推举，½ 自重负重 5 次手倒立俯卧撑（少于 1 分钟）
拉动型	5 次严格引体向上 2 次爬绳，约 4.5 米（少于 1 分 30 秒） 1 次高翻，自重负重	7 次引体向上（借力） 3 次爬绳，约 4.5 米（少于 1 分 15 秒） 3 次高翻，自重负重	9 次引体向上（借力） 2 次爬绳，约 4.5 米（少于 1 分钟） 5 次高翻，自重负重（少于 1 分钟）
综合型	"海伦"（少于 17 分钟） 3 轮计时 400 米跑步 21 次壶铃甩摆（约 16 千克） 12 次引体向上 约 3 千米跑步（少于 16 分钟） 500 米划船（少于 2 分钟）	"海伦"（少于 16 分钟） 3 轮计时 400 米跑步 21 次壶铃甩摆（约 16 千克） 12 次引体向上 约 3 千米跑步（少于 15 分 45 秒） 500 米划船（少于 1 分 55 秒）	"海伦"（少于 14 分钟） 3 轮计时 400 米跑步 21 次壶铃甩摆（约 16 千克） 12 次引体向上 约 3 千米跑步（少于 15 分钟） 500 米划船（少于 1 分 50 秒）

注意：除非另作说明，所有动作都是连续重复的；对于要求在特定时间范围内完成一定次数的动作，如需要，可以分组完成。

3 级：18 ~ 35 岁大众级女性

	初级	中级	高级
打开型	单腿深蹲，每条腿各 8 次（少于 1 分 30 秒） 9 次后蹲，1¼ 自重负重 9 次硬拉，约 84 千克（少于 1 分钟） 9 次过头蹲，½ 自重负重	单腿深蹲，每条腿各 12 次（少于 1 分 30 秒） 12 次后蹲，1¼ 自重负重 12 次硬拉，约 84 千克（少于 1 分钟） 7 次过头蹲，自重负重	单腿深蹲，每条腿各 16 次（少于 1 分 30 秒） 15 次后蹲，1¼ 自重负重 15 次硬拉，约 84 千克（少于 1 分钟） 10 次过头蹲，自重负重
关闭型	15 次脚趾触杠	21 次脚趾触杠	30 次脚趾触杠（少于 1 分钟）
推动型	1 次双力臂 1 次仰卧推举，1¼ 自重负重 12 次火箭推，½ 自重负重	3 次双力臂（少于 1 分钟） 3 次仰卧推举，1¼ 自重负重 15 次火箭推，½ 自重负重	5 次双力臂（少于 1 分 30 秒） 2 次仰卧推举，自重负重 21 次火箭推，½ 自重负重
拉动型	10 次严格引体向上 3 次引体向上，负重约 11 千克 1 次高翻，1¼ 自重负重	10 次引体向上，胸触杠（借力） 4 次引体向上，负重约 11 千克	15 次引体向上，胸触杠（借力） 3 次引体向上，负重约 16 千克 3 次高翻，1¼ 自重负重（少于 1 分 30 秒）
综合型	"海伦"（少于 10 分 25 秒） 3 轮计时 400 米跑步 21 次壶铃甩摆（约 16 千克） 12 次引体向上 约 3 千米跑步（少于 14 分 55 秒） 500 米划船（少于 1 分 50 秒）	"海伦"（少于 10 分 15 秒） 3 轮计时 400 米跑步 21 次壶铃甩摆（约 16 千克） 12 次引体向上 约 3 千米跑步（少于 14 分 40 秒） "凯伦"（少于 8 分钟） 计时 150 次药球抛射（约 6.4 千克，约 2.5 米）	"海伦"（少于 10 分 5 秒） 3 轮计时 400 米跑步 21 次壶铃甩摆（约 16 千克） 12 次引体向上 约 3 千米跑步（少于 14 分 30 秒） "凯伦"（少于 8 分钟） 计时 150 次药球抛射（约 6.4 千克，约 2.5 米）

注意：除非另作说明，所有动作都是连续重复的；对于要求在特定时间范围内完成一定次数的动作，如需要，可以分组完成。

1 级：36 ~ 45 岁专业级女性

	初级	中级	高级
打开型	50 次徒手深蹲（少于 3 分钟） 3 次后蹲，½ 自重负重 10 次跳箱，约 50 厘米（少于 1 分钟） 5 次硬拉，自重负重（少于 3 分钟）	70 次徒手深蹲（少于 3 分钟） 4 次后蹲，¾ 自重负重 15 次跳箱，约 50 厘米（少于 1 分钟） 6 次硬拉，自重负重（少于 3 分钟）	90 次徒手深蹲（少于 3 分钟） 7 次后蹲，自重负重 20 次跳箱，约 50 厘米（少于 1 分钟） 7 次硬拉，自重负重（少于 3 分钟）
关闭型	10 次膝盖触肘	12 次膝盖触肘	15 次膝盖触肘 5 次脚趾触杠
推动型	10 次俯卧撑 3 次仰卧推举，¼ 自重负重 1 次推举，¼ 自重负重	12 次俯卧撑 5 次仰卧推举，¼ 自重负重 5 次推举，¼ 自重负重	15 次俯卧撑 7 次仰卧推举，¼ 自重负重 10 次推举，½ 自重负重
拉动型	10 次吊环反式划船 1 次爬绳，约 4.5 米 1 次高翻，¼ 自重负重	20 次吊环反式划船 1 次爬绳，约 4.5 米 1 次高翻，½ 自重负重	1 次严格引体向上 1 次爬绳，约 4.5 米 1 次高翻，¾ 自重负重
综合型	"海伦"（少于 20 分钟） 3 轮计时 400 米跑步 21 次壶铃甩摆（约 16 千克） 12 次引体向上 约 3 千米跑步（少于 22 分钟） 500 米划船（少于 2 分 30 秒）	"海伦"（少于 19 分钟） 3 轮计时 400 米跑步 21 次壶铃甩摆（约 16 千克） 12 次引体向上 约 3 千米跑步（少于 21 分钟） 500 米划船（少于 2 分 20 秒）	"海伦"（少于 18 分 30 秒） 3 轮计时 400 米跑步 21 次壶铃甩摆（约 16 千克） 12 次引体向上 约 3 千米跑步（少于 20 分钟） 500 米划船（少于 2 分 10 秒）

注意：除非另作说明，所有动作都是连续重复的；对于要求在特定时间范围内完成一定次数的动作，如需要，可以分组完成。

2 级：36 ~ 45 岁专业级女性

	初级	中级	高级
打开型	10 次后蹲，自重负重 25 次跳箱，约 50 厘米（少于 1 分钟） 9 次硬拉，约 70 千克	15 次后蹲，自重负重 30 次跳箱，约 50 厘米（少于 1 分钟） 15 次硬拉，约 70 千克（少于 3 分钟）	17 次后蹲，自重负重 20 次跳箱，约 60 厘米（少于 1 分 30 秒） 21 次硬拉，约 70 千克（少于 3 分钟）
关闭型	20 次膝盖触肘 10 次脚趾触杠	15 次脚趾触杠（少于 1 分钟）	20 次脚趾触杠（少于 1 分钟）
推动型	17 次俯卧撑 9 次仰卧推举，½ 自重负重 3 次手倒立俯卧撑	7 次吊环俯卧撑 9 次仰卧推举，½ 自重负重 4次手倒立俯卧撑（少于 1 分钟）	5 次吊环臂屈伸 1 次仰卧推举，自重负重 5 次手倒立俯卧撑（少于 1 分钟）
拉动型	4 次严格引体向上 2 次爬绳，约 4.5 米（少于 1 分 30 秒） 1 次高翻，自重负重	5 次严格引体向上 2 次爬绳，约 4.5 米（少于 1 分 15 秒） 2 次高翻，自重负重	7 次严格引体向上 2次爬绳，约 4.5 米（少于 1 分钟） 3 次高翻，自重负重（少于 1 分钟）
综合型	"海伦"（少于 16 分 45 秒） 3 轮计时 400 米跑步 21 次壶铃甩摆（约 16 千克） 12 次引体向上 约 3 千米跑步（少于 19 分钟） 500 米划船（少于 2 分钟）	"海伦"（少于 16 分 10 秒） 3 轮计时 400 米跑步 21 次壶铃甩摆（约 16 千克） 12 次引体向上 约 3 千米跑步（少于 17 分钟） 500 米划船（少于 1 分 55 秒）	"海伦"（少于 14 分 30 秒） 3 轮计时 400 米跑步 21 次壶铃甩摆（约 16 千克） 12 次引体向上 约 3 千米跑步（少于 16 分钟） 500 米划船（少于 1 分 50 秒）

注意：除非另作说明，所有动作都是连续重复的；对于要求在特定时间范围内完成一定次数的动作，如需要，可以分组完成。

3级：36～45岁专业级女性

	初级	中级	高级
打开型	单腿深蹲，每条腿各6次（少于1分30秒） 9次后蹲，1¼自重负重 9次硬拉，约79千克 9次过头蹲，½自重负重	单腿深蹲，每条腿各10次（少于1分30秒） 10次后蹲，1¼自重负重 12次硬拉，约79千克（少于1分钟） 12次过头蹲，½自重负重	单腿深蹲，每条腿各14次（少于1分30秒） 12次后蹲，1¼自重负重 15次硬拉，约79千克（少于1分钟） 7次过头蹲，自重负重
关闭型	15次脚趾触杠（少于1分钟）	21次脚趾触杠（少于1分钟）	30次脚趾触杠（少于1分钟）
推动型	1次双力臂 1次仰卧推举，1¼自重负重 12次火箭推，½自重负重	3次双力臂（少于1分钟） 3次仰卧推举，¾自重负重 15次火箭推，½自重负重	5次双力臂（少于1分30秒） 2次仰卧推举，自重负重 21次火箭推，½自重负重
拉动型	9次严格引体向上 1次引体向上，负重约4.5千克 1次高翻，1¼自重负重	7次引体向上，胸触杠（借力） 2次引体向上，负重约11千克 2次高翻，1¼自重负重（少于1分30秒）	10次引体向上，胸触杠（借力） 3次引体向上，负重约16千克 3次高翻，1¼自重负重（少于1分30秒）
综合型	"海伦"（少于14分钟） 3轮计时 400米跑步 21次壶铃甩摆（约16千克） 12次引体向上 约3千米跑步（少于15分30秒） 500米划船（少于1分50秒）	"海伦"（少于13分30秒） 3轮计时 400米跑步 21次壶铃甩摆（约16千克） 12次引体向上 约3千米跑步（少于15分钟） "凯伦"（少于10分15秒） 计时 150次药球抛射（约6.4千克，约2.5米）	"海伦"（少于12分钟） 3轮计时 400米跑步 21次壶铃甩摆（约16千克） 12次引体向上 约3千米跑步（少于14分45秒） "凯伦"（少于8分钟） 计时 150次药球抛射（约6.4千克，约2.5米）

注意：除非另作说明，所有动作都是连续重复的；对于要求在特定时间范围内完成一定次数的动作，如需要可以分组完成。

1级: 46 ~ 54 岁专业 II 级女性

	初级	中级	高级
打开型	30次徒手深蹲(少于1分30秒) 2次后蹲, ½ 自重负重 10次踏箱, 约50厘米(少于1分钟) 2次硬拉, 自重负重(少于3分钟)	40次徒手深蹲(少于1分30秒) 3次后蹲, ½ 自重负重 14次踏箱, 约50厘米(少于1分钟) 3次硬拉, 自重负重(少于3分钟)	50次徒手深蹲(少于1分30秒) 5次后蹲, ½ 自重负重 20次踏箱, 约50厘米(少于1分钟) 5次硬拉, 自重负重(少于3分钟)
关闭型	5次膝盖触肘	7次膝盖触肘	10次膝盖触肘
推动型	5次俯卧撑 2次仰卧推举, ¼ 自重负重 1次推举, ¼ 自重负重	7次俯卧撑 3次仰卧推举, ¼ 自重负重 2次推举, ¼ 自重负重	12次俯卧撑 5次仰卧推举, ¼ 自重负重 3次推举, ½ 自重负重
拉动型	10次吊环反式划船 1次爬绳, 约4.5米 1次高翻, ¼ 自重负重	15次吊环反式划船 1次爬绳, 约4.5米(少于2分钟) 2次高翻, ½ 自重负重	20次吊环反式划船 2次爬绳, 约4.5米(少于2分钟) 3次高翻, ¾ 自重负重
综合型	"海伦"(少于22分钟) 3轮计时 400米跑步 21次壶铃甩摆(约16千克) 12次引体向上 约3千米跑步(少于22分钟) 500米划船(少于2分30秒)	"海伦"(少于19分钟) 3轮计时 400米跑步 21次壶铃甩摆(约16千克) 12次引体向上 约3千米跑步(少于21分30秒) 500米划船(少于2分20秒)	"海伦"(少于18分30秒) 3轮计时 400米跑步 21次壶铃甩摆(约16千克) 12次引体向上 约3千米跑步(少于21分) 500米划船(少于2分10秒)

注意: 除非另作说明, 所有动作都是连续重复的; 对于要求在特定时间范围内完成一定次数的动作, 如需要, 可以分组完成。

2级：46～54岁专业Ⅱ级女性

	初级	中级	高级
打开型	7次后蹲，自重负重 15次踏箱，约50厘米（少于1分钟） 9次硬拉，约70千克（少于1分钟）	10次后蹲，自重负重 20次踏箱，约50厘米（少于1分钟） 12次硬拉，约70千克（少于1分钟）	12次后蹲，自重负重 25次踏箱，约50厘米（少于1分钟） 15次硬拉，约70千克（少于1分30秒）
关闭型	15次膝盖触肘 10次脚趾触杠（少于1分钟）	10次脚趾触杠（少于1分钟）	12次脚趾触杠（少于1分钟）
推动型	15次俯卧撑 9次仰卧推举，½自重负重 3次手倒立俯卧撑（少于1分钟）	3次吊环俯卧撑 12次仰卧推举，½自重负重 5次手倒立俯卧撑（少于1分钟）	3次吊环臂屈伸 15次仰卧推举，½自重负重 1次手倒立支撑（1分钟）
拉动型	3次严格引体向上 2次爬绳，约4.5米（少于1分30秒） 1次高翻，自重负重	4次严格引体向上 2次爬绳，约4.5米（少于1分15秒） 2次高翻，自重负重（少于1分钟）	5次严格引体向上 2次爬绳，约4.5米（少于1分钟） 3次高翻，自重负重（少于1分钟）
综合型	"海伦"（少于18分钟） 3轮计时 400米跑步 21次壶铃甩摆（约16千克） 12次引体向上 约3千米跑步（少于19分30秒） 500米划船（少于2分5秒）	"海伦"（少于17分钟） 3轮计时 400米跑步 21次壶铃甩摆（约16千克） 12次引体向上 约3千米跑步（少于19分15秒） 500米划船（少于2分钟）	"海伦"（少于15分钟） 3轮计时 400米跑步 21次壶铃甩摆（约16千克） 12次引体向上 约3千米跑步（少于18分30秒） 500米划船（少于1分57秒）

注意：除非另作说明，所有动作都是连续重复的；对于要求在特定时间范围内完成一定次数的动作，如需要，可以分组完成。

3级：46 ~ 54 岁专业Ⅱ级女性

	初级	中级	高级
打开型	单腿深蹲，每条腿各 4 次（少于 1 分 30 秒） 9 次后蹲，自重负重 9 次硬拉，约 70 千克 6 次过头蹲，½ 自重负重	单腿深蹲，每条腿各 6 次（少于 1 分 30 秒） 12 次后蹲，自重负重 12 次硬拉，约 70 千克（少于 1 分钟） 9 次过头蹲，½ 自重负重	单腿深蹲，每条腿各 8 次（少于 1 分 30 秒） 15 次后蹲，自重负重 15 次硬拉，约 70 千克（少于 1 分钟） 12 次过头蹲，½ 自重负重
关闭型	12 次脚趾触杠	15 次脚趾触杠	21 次脚趾触杠
推动型	5 次引体向上或 5 次吊环臂屈伸（少于 30 秒） 1 次仰卧推举，自重负重 10 次火箭推，½ 自重负重	7 次引体向上或 7 次吊环臂屈伸（少于 30 秒） 1 次仰卧推举，¾ 自重负重 15 次火箭推，½ 自重负重	1 次双力臂 3 次仰卧推举，¾ 自重负重 21 次火箭推，½ 自重负重
拉动型	5 次严格引体向上 1 次引体向上，负重约 4.5 千克 1 次高翻，1¼ 自重负重	7 次引体向上，胸触杠（借力） 2 次引体向上，负重约 4.5 千克 2 次高翻，1¼ 自重负重（少于 1 分 30 秒）	10 次引体向上，胸触杠（借力） 3 次引体向上，负重约 4.5 千克 3 次高翻，1¼ 自重负重（少于 1 分 30 秒）
综合型	"海伦"（少于 14 分 30 秒） 3 轮计时 400 米跑步 21 次壶铃甩摆（约 16 千克） 12 次引体向上 约 3 千米跑步（少于 13 分 45 秒） 500 米划船（少于 1 分 55 秒）	"海伦"（少于 14 分钟） 3 轮计时 400 米跑步 21 次壶铃甩摆（约 16 千克） 12 次引体向上 约 3 千米跑步（少于 13 分 30 秒） "凯伦"（少于 12 分 30 秒） 计时 150 次药球抛射（约 6.4 千克，约 2.5 米）	"海伦"（少于 13 分钟） 3 轮计时 400 米跑步 21 次壶铃甩摆（约 16 千克） 12 次引体向上 约 3 千米跑步（少于 13 分钟） "凯伦"（少于 12 分钟） 计时 150 次药球抛射（约 6.4 千克，约 2.5 米）

注意：除非另作说明，所有动作都是连续重复的；对于要求在特定时间范围内完成一定次数的动作，如需要，可以分组完成。

关于作者

格雷格·阿蒙森是交叉训练的创始运动员和教练之一。作为交叉训练最初的忠实训练者，阿蒙森在军队和执法行业工作超过16年，曾担任美国加利福尼亚州圣克鲁斯县特种部队作战队员和狙击手、美国陆军上尉、美国缉毒局特工以及美国边境执法安全特遣部队小组成员。阿蒙森是"交叉训练之目标设定"课程和"交叉训练在执法领域的应用"课程的创始人，并从事交叉训练与执法部门的外联工作。阿蒙森曾拥有美国第一个交叉训练场馆，在过去超过15年的时间里，他走遍世界众多地方，教授交叉训练的动作、理念和应用。阿蒙森还创立并拥有"阿蒙森交叉训练馆""圣克鲁斯以色列格斗馆"和"战士瑜伽馆"，这些场馆均位于加利福尼亚州圣克鲁斯县。

T.J.墨菲是一名经验丰富的记者及编辑，曾与布赖恩·麦肯齐合著《坚不可摧：跑者耐力训练指南》、与凯利·斯塔雷特合著《远离伤痛：释放自由奔跑的潜能》，这两本书都被《纽约时报》评为畅销书籍。他的专题写作曾刊登在《户外》《跑者世界》《熔岩》和《铁人三项运动员》杂志上。墨菲曾以2小时38分跑完马拉松全程，5次完成铁人三项比赛。墨菲现与妻子格蕾琴、儿子米洛定居于波士顿。